AF345440

Pilar N. Colorado

ESCRIBIR
desde las entrañas

ÍNDICE

INTRODUCCIÓN

En las próximas páginas vas a leer mucho sobre escritura desde un punto de vista diferente: no tienes ante ti un tratado, ni un manual, ni un curso sobre cómo escribir. Las técnicas y métodos los encontrarás en otros libros.

Tampoco vas a aprender cómo escribir tu libro. Para ello te ofrezco mis servicios de mentoría en los que trabajamos todas las fases del proceso o algunas de ellas, dependiendo de tus necesidades.

Aquí, en este texto que ahora comienzas, vas a leer sobre emociones, sentidos, pensamientos, meditación, *mindfulness*... Aspectos todos que creo conveniente explorar para escribir. Ya sea porque pretendas publicar una novela o porque solo quieras practicar la escritura en tus momentos de intimidad contigo a modo de reflexión. En el primer caso, los textos y ejercicios que propongo te ayudarán a crear a tus personajes —que son seres sintientes— y dar ese tono de emoción o intimidad que requieren algunas novelas. En el segundo caso, cada capítulo te pondrá frente a un espejo que te llevará a ver dentro de ti y explorar tu interior para sacarle brillo y reparar lo que sea necesario. El objetivo es aprender a vivir con serenidad y paz interior.

Entre uno y otro hay multitud de circunstancias que pueden ser la tuya. Ojalá este libro te aporte. Espero que hagas los ejercicios que se proponen para que no se quede solo en palabras leídas y puedas aplicar a tu vida las enseñanzas que te ofrece la escritura en sus múltiples facetas. Además, es un libro de largo plazo, es decir, que puedes volver a él en diferentes momentos de tu vida y siempre habrá algo que te ayude a ver.

Escribir desde las entrañas recoge y amplía algunas de las cuestiones que surgen en los talleres de escritura terapéutica y emocional que imparto. Cuando decides escribir, cuando las sensaciones interiores o los pensamientos se acumulan hasta el punto de ahogarte, es necesario aprender a canalizar y dar forma escrita a todo ello. Y de pronto, puede surgir un bloqueo, un miedo o una duda que te paraliza. A menudo no sabes ni por dónde empezar. En un libro anterior a este, sugiero 365 disparadores de escritura, uno por día. Algunas personas que han trabajado con él me han dicho que echaban en falta algo más emocional, puesto que ese cuaderno se centraba más en el aprovechamiento del día a día, el propósito y el foco. Con este libro que tienes ahora entre las manos quiero enmendar esa falta y me dirijo directamente a tus entrañas. Pasamos a lo más lindo de tu interior. Te propongo un viaje escrito con mis propias reflexiones sobre varios aspectos que trabajamos en los talleres y una propuesta de escritura al final de cada capítulo.

Antes te daré unas pautas a partir de unas preguntas cuya respuesta solo tienes tú, para que te prepares mentalmente y no tengas excusas para empezar. Porque solo hay una manera de enfrentarte a la hoja en blanco: siéntate y escribe.

¿Qué deseas?

Si estás leyendo estas letras es porque, imagino, quieres escribir más allá de tu pensamiento. Ese deseo debe ser el motor de arranque, la chispa que hace que el fuego de tu interior salga inmenso y luminoso. Para empezar no necesitas más recurso que el deseo de hacerlo. Con esa llama que va brotando busca un cuaderno que te guste y marca la fecha en la que inicias este camino —o una carpeta en el ordenador si lo prefieres— y escribe tu deseo, lo que ahora sientes o el motivo que te ha traído hasta este libro. Y date permiso para que surja cualquier cosa y dejarte llevar por la palabra.

¿Necesito inspiración?

La inspiración debe encontrarte ante el cuaderno. Eso no quiere decir que tengas que estar todo el día frente a él, esperando que llegue. Más bien, es la primera palabra que escribes o el texto que lees el que sirve de detonante de tu creatividad, la punta del hilo de la que tiras para que la inspiración surja. Deja el miedo a un lado y confía en que surgirá. Eres un ser creativo, así naciste, y si ahora crees que no, solo es falta de costumbre. La inspiración está dentro de ti. Seguro que recuerdas momentos creativos de tu infancia, juegos que te inventabas, personajes, dibujos... Confía en que volverá a ti. Y si acabas el libro y no te satisface, puedes darle otra vuelta, y otra más. Lee y haz los ejercicios siempre que quieras y cada vez saldrá un tú diferente.

Para que la inspiración se quede contigo tienes que prepararle un espacio mental y emocional. Un espacio que irás agrandando con el paso del tiempo conforme entrenes tu creatividad y se expanda.

Haz sitio a lo que llegue, con amor.

Y si la inspiración llega cuando estás lejos de tu cuaderno, utiliza las notas del móvil o cualquier otro truco para que no se te escape la idea. Porque si te empeñas en escribir cuando no surge, te bloqueas más. Einstein se iba a pasear cuando se bloqueaba y era durante la caminata, haciendo uso del enfoque disperso, cuando daba con la solución.

Así debe ser.

El empeño bloquea; la divagación crea.

¿Debo ser sentimental?

No, claro que no. Puedes escribir con objetividad, desde la emoción, con humor..., lo que te pida el cuerpo. La escritura no es solo para drenar la negatividad, los contratiempos o el mal de amores. Es mucho más. Ayuda a enfocarte, a dar perspectiva a eso que te machaca por dentro, a lo que cuesta hablar. Usa la palabra para dar salida a tus emociones.

Si a lo largo de este viaje necesitas comentarme algo, puedes hacerlo en este *mail*: <u>viviendomindful@gmail.com</u>
Gracias por acompañarme a través de las palabras.

0. ¿POR QUÉ ESCRIBIR?

La escritura es una forma de recolocar las vivencias y emociones, además de poner orden en nuestras intenciones de vida, valores y propósitos. Escribir puede ser esa forma de encontrarnos con nosotras mismas, de hablarnos y de conectar con las personas que somos. Es la manera a través de la cual damos forma a nuestro pensamiento y lo conectamos con la acción. De hecho, escribir es bajar al terreno de la acción todo lo que está en la mente. Es una herramienta de autoconocimiento apta para todas las personas.

Agradece que te hayas permitido este momento, es un regalo muy honesto y hermoso. Si además quisieras compartir tus descubrimientos, te invito a hacerlo y dejar huella de ello.

Antes de empezar con el contenido del libro, observa lo que la escritura es para otras personas:

«La escritura podría definirse como un fenómeno de lectura interior. Escribir es dejarse llevar por la escritura. Es saber y no saber lo que uno va a escribir. No creer que uno lo sabe. Es tener miedo».
Marguerite Duras

«Soy de ese tipo de personas que no acaban de comprender las cosas hasta que las pone por escrito».
Haruki Murakami

«Escribir es combatir el silencio».
Cristina Sánchez-Andrade y Alberto Echavarría

«Escribir es hablarle a alguien ausente».
Carmen Martín Gaite, que necesitaba imaginarse a un interlocutor al que le hablaba para escribir.

«Escribir es defender la soledad».
María Zambrano

«La escritura está, sí, dentro de nuestra cabeza, pero también alrededor de nosotros, en las paredes y en los muebles, en el olor a café, en la luz de la lámpara. En días benditos todo es escritura, y en días malditos nada lo es».
Theodor Kallifatides

«Las grandes verdades no suelen decirse hablando».
María Zambrano

«El acto consciente de escribir es la manera inconsciente de combatir lo que callamos haciendo confidencias a alguien imaginario para revelar nuestros secretos en soledad».
Paloma Serrano Molinero

«Da lo mismo que escriba sobre algo que pasó ayer o hace veinte años: tengo que partir de una emoción que sienta vivamente y que comprenda».
Francis Scott Fitzgeral

«El sentido de escribir es la búsqueda del sentido de la existencia».
Rosa Montero

«Llevar un diario y llenarlo de uno mismo significa tomarse en serio la propia vida, cuidarse lo suficiente como para verla con honestidad. Debería convertirse en un ejercicio de autodescubrimiento continuo y vital: encontrar poco a poco la propia voz, la propia verdad, la propia historia».
Gabrielle Roth

«El objetivo de la narrativa no es hacer que el problema desaparezca. Es representarlo, reconocerlo, habitarlo plenamente, construir algo bello a partir de él y conectarte a todas las otras personas que alguna vez han luchado con él».
Jonathan Franzen

«Escribir es el antídoto contra la confusión».
James Clear

«Escribo para dejarme en paz».
Jesús Montiel

«Escribirte es acompañarte».
Mikel Alvira

«Escribir es vivir otras vidas, conocer otras formas de pensar y adentrarte en otras almas. Escribir es aprender continuamente».
Mariona Sern

«Escribir es la manera más profunda de leer la vida».
Francisco Umbral

«Escritura como adiestramiento para penetrar en nuestra existencia y alcanzar el equilibrio interior».
Natalie Goldberg

«Escribir es una forma de terapia; a veces me pregunto cómo se las arreglan los que no escriben, componen o pintan para escapar de la locura, la melancolía, el terror pánico inherente a la situación humana».
Graham Green

«Escribe inflexible y directo sobre lo que te duele y verás claro entre las tinieblas».
Ernest Hemingway

«La escritura es tu hogar: te cobija, lo compartes o te recluyes allí, circulas entre sus líneas, dejas entrar a quien quieres, puedes abrir las ventanas, espiar lo que ocurre fuera. Es una válvula de escape. La escritura te ayuda a estar mejor contigo mismo».
Silvia Adela Kohen

«Yo escribo por lo mismo que leo: por placer, para vivir más, de una forma más rica, más intensa y más compleja; también, como decía Fogwill, para que no me escriban».
Javier Cercas

«Escribir sobre el dolor y el miedo ayuda mucho más que un antidepresivo».
Pilar Canalejas

«Escribo para evitar que al miedo de la muerte se agregue el miedo de la vida».
Augusto Roa Bastos

«Escribir es mucho más que plasmar letras sobre un papel. Escribir es mi particular manera de expresarme, de sentir y, en definitiva, de vivir. Supongo que ese es el motivo por el que no concibo mi día a día sin la escritura».
Inma Bretones

«La escritura es el territorio para dar y darme a los otros, por eso escribo cada día. Si escribo con pasión, vivo con pasión. Enriquezco mi mundo con nuevas palabras que crean nuevas imágenes».
Alicia Pallás Solsona

«Necesitamos escribir para confesar y para creer, para preguntar y entender, para imaginar y crear. Escribimos para recordar y guardar en palabras».
Paloma Serrano Molinero

¿Nos acercamos a la escritura como acto contrapuesto a hablar?, ¿cuando nos cuesta que las palabras salgan por la garganta o nos bloquea el cara a cara?, ¿o por el simple gusto y deseo de expresarnos libremente en un encuentro íntimo con nuestro ser? Cada persona tendrá su propia respuesta como has comprobado en las citas previas.

Sí que destaco algo común respecto a la palabra hablada: cuando hablamos, soltamos lo que nos llega desde la mente de forma inmediata y, ya sabes, «las palabras se las lleva el viento»; sin embargo, escribir es retenerlas —a no ser que rompas o quemes lo escrito—.

Escribir también es decir lo que se calla, aunque parezca contradictorio. Sobre el papel podemos ahondar en una herida, confesar una envidia, declarar un amor, decir adiós cuando cara a cara es difícil de afrontar, poner límites a un abuso, empequeñecer un miedo, dar consuelo, liberar la rabia, sanar... Todo eso que callamos y que corre el peligro de enquistarse si lo dejamos dentro.

Y ahora sí, empezamos con *Escribir desde las entrañas*. Recuerda que al final de cada capítulo te propongo ejercicios para que comiences a escribir. Y si al finalizar tienes tu propia respuesta a la pregunta de este capítulo, «¿Por qué escribir?», puedes enviármela o compartirla en redes etiquetándome para que la pueda leer y, si me lo permites, publicar.

1. ESCRIBIR SIN PENSAR

«En la escritura automática se coloca el lápiz sobre el papel y se empieza a escribir, dejando salir los pensamientos con total libertad».
André Breton

¿Es posible escribir sin pensar? ¿Podemos pasar de la idea en estado puro a la palabra escrita sin ningún filtro? ¿Tiene algún beneficio?

La famosísima escritura automática, que seguro que ya conoces, no es otra cosa que escribir sin pensar. Una manera de no quedarte dando vueltas a un pensamiento es dejarlo salir tal cual surge en tu mente, sin analizar ni tomar ninguna decisión sobre él. Al escribir de esta manera, te obligas a estructurar ese pensamiento, darle orden y sentido.

Escribir ordena la mente y coloca cada pensamiento en su lugar. Con la escritura abres una puerta a tu interior a través de la cual se accede a la verdad y al conocimiento de tu yo más auténtico, que, normalmente, no ves. Una vez dentro, descubres que tienes tu propia guía interior, única y personal, que te ayuda a avanzar en tu camino vital.

Las **páginas matutinas** —como las llama Julia Cameron, autora de *El camino del artista*— funcionan como un diario terapéutico: se trata de escribir cada mañana sobre esos temas que te preocupan, o sobre la lista de cosas que necesitas poner en orden, entender, soltar o expresar —no es una lista de tareas, aunque también puedes escribirla si es lo que te llega de forma espontánea, sin prepararlo de antemano—.

Escribir sin pensar es una de las mejores formas de drenar y dejar espacio en la mente. Tan solo tienes que sentarte y volcar todo lo que pasa por el pensamiento tal cual te llega, sin filtrar, sin analizar. Hazlo durante 5 a 15 minutos cada día, preferiblemente por la mañana. Puedes ponerte un temporizador y no dejar de escribir hasta que transcurran los minutos; no levantes la vista hasta que suene la alarma. Deja fluir tu mano y expresa todo lo que te ocupe la mente. Yo he escrito hasta sin ver porque las lágrimas me ocultaban el cuaderno. Que no te preocupe si está mal escrito: nadie te va a leer. Ni siquiera tú. No hace falta que lo leas, solo sácalo de tu interior.

Y si lo lees, que sea para darte cuenta de lo que enredan a veces los pensamientos. Si no les das opción a que se líen entre ellos o te lleven a un lugar al que no quieres ir, tu cabeza se libera. Puede parecer difícil, pero solo es cuestión de práctica. Cuando te des cuenta de que ya no estás con el pensamiento de inicio y que unos te han llevado a otros, para e intenta rebobinar para conocer la secuencia. Ser consciente del enredo es el primer paso. La meditación ayuda a saber cuándo parar la rueda de pensamientos.

Cuando algo te preocupa mucho, es probable que la mente lo lleve al papel. Y está bien. Palabra a palabra, aunque sean dolorosas o difíciles —incluso sin ser consciente de qué estás escribiendo— vas sacando de ti esa nube oscura. Quizá te des cuenta, después de escribirlo, que la preocupación no era para tanto. Es curioso cómo disminuye de tamaño al sacarla de la cabeza. Además, al darle más espacio a la mente, podrás observar otros aspectos de tu vida que la preocupación mantenía ocultos.

Si ya has probado a escribir lo que te preocupa, te habrás dado cuenta de que, al tenerla escrita, la búsqueda de soluciones es más sencilla. El siguiente paso no tiene por qué ser fácil, pero sí más claro.

Lo que escribas será muy puro al no haber actuado la censura ni la elección: es tu inconsciente el que habla. Muchas escritoras y artistas de otras disciplinas utilizan la escritura espontánea y automática como disparador de creatividad.

Y ahora ha llegado el momento de que lo pongas en práctica: toma tu bolígrafo y tu cuaderno y ¡escupe! lo que sea que aparezca en tu cabeza. Prepárate que te voy a proponer un ejercicio. Pero antes:

¿Qué beneficios tiene la escritura automática?

1. Te ayuda a **soltar** todo lo que te abruma, empezando el día con la «espalda» más liviana

y con menos carga mental. Saldrás de casa con sensación de ligereza.

2. Es una manera de meditar y de practicar la **presencia**: el aquí y el ahora. Sobre todo, si eliges escribir a mano, aunque puedes hacerlo como desees. Una ventaja de escribir en papel frente a hacerlo en ordenador es que a mano practicas mejor la presencia al incluir las sensaciones táctiles en el ejercicio: el tacto del papel, el peso del bolígrafo, etc. Además, es un ejercicio de atención ya que, cuando escribes, no puedes pensar en otra cosa. Prueba a escribir algo distinto a lo que tienes en la mente: ¿qué ocurre?

3. **Ordenas** tus ideas. Cuando estás en un momento de toma de decisiones, el escribir te ayuda a poner en orden los pros y contras, es decir, a aclararte. No busques encontrar la respuesta a tus problemas porque no es el objetivo del ejercicio. Sin embargo, verás como al poner tus ideas en orden, es más fácil que encuentres la solución o que, al menos, le quites peso al problema y que te des cuenta de cuáles son tus prioridades al irte conociendo mejor.

4. **Conectas con tu verdadero «ser»**. Sabes que nadie te va a leer, que nadie te va a juzgar, que no tienes que guardar las apariencias. Solo tú. Poco a poco irá apareciendo tu yo verdadero, sin filtros. Puedes ser honesta contigo porque nadie va a decirte nada. Ante ti no caben disimulos. Eres libre.

5. Muchas artistas lo utilizan porque las ayuda a **potenciar su creatividad**. Así lo explica Ju-

lia Cameron en su libro. Ella ha ayudado a muchas artistas a superar sus bloqueos a partir de la escritura diaria.

6. Aunque la recomendación general es que no vuelvas sobre lo escrito —al menos los primeros días—, lo que dejes sobre el papel te puede servir en un futuro para darte cuenta de que **los problemas no son tan grandes** como crees en el momento. Sirve para comprobar que lo que te pareció enorme un día, al pasar los años es una anécdota.

7. Y, sobre todo, ayuda a **desbloquear emociones**, a hacer limpieza, y eso hace que escribir un diario refuerce tu salud y tu autoestima.

Podemos hablar de dos beneficios más si tienes interés por la escritura como actividad literaria: **ayuda a romper bloqueos creativos** y a crear el **hábito de la escritura diaria**. No son pocos los relatos y novelas que han surgido de una idea nacida en un ejercicio de escritura espontánea. Si escribir no es tu profesión, es un ejercicio que te ayuda emocionalmente. Pero si, además de escribir, publicas, el ejercicio de escritura automática te ayuda a desbloquear. Muchas veces una idea suelta escrita en un ejercicio de 10 minutos ha dado lugar a un relato o ha sido el germen de una novela.

La escritura «sin pensar» o automática consiste, por tanto, en transmitir las ideas de la mente tal cual surgen, sin reflexionar, ni analizar, ni censurar, y plasmarlas así en tu cuaderno.

Estas frases llegan del inconsciente, por lo que puede que no tengan ninguna lógica o resulten incoherentes. Esto es así porque no hay filtro ni control de la razón, ni siquiera te preocupas por darle una estética determinada o un estilo. Sin embargo, al trasladar el pensamiento a palabras escritas hay un proceso de estructuración y orden: el hecho de escribir te ayuda a organizar ese pensamiento y darle sentido.

La escritura automática se usa mucho en procesos de autodesarrollo y autoconocimiento porque sale el yo profundo sin filtro; aprendemos de nosotras mismas al mostrar esa parte que no se ve normalmente.

Este tipo de escritura se parece a la meditación, como veremos con más profundidad en el capítulo 10. En la práctica de *mindfulness* se nos invita a observar los pensamientos tal y como vienen, sin juzgarlos ni analizarlos, y dejarlos marchar. Con la práctica de la escritura espontánea, hacemos lo mismo, pero en vez de dejar que desaparezcan sin más, los escribimos. Por eso a este ejercicio también se le llama **escritura meditativa**.

EJERCICIO

Mi recomendación es que este ejercicio lo hagas al levantarte, a primera hora de la mañana. No obstante, si no puedes, agenda un momento al día para escribir. En cualquier caso, es importante que sea a la misma hora todos los días para crear el hábito. Cuando ya tengas elegido el momento, sigue estos pasos:

Prepara un lugar cómodo y tranquilo donde no tengas distracciones.

Quita las notificaciones del móvil o apágalo, y no abras ninguna red, ni correo, ni nada en el ordenador; si vas a escribir con él, que no sea la página en blanco.

Prepárate con unas respiraciones profundas, sintiendo el aire entrar y salir de tu cuerpo —al menos cuenta 3 respiraciones—, baja los hombros y adopta una postura cómoda. Que nada haga que levantes la cabeza del papel o teclado. Si te ayuda a relajarte, puedes ponerte un fondo musical suave, sin letra que te distraiga.

Escribe de manera espontánea lo que se te ocurra: deja vagar tu mente.

Escribe un texto sin pensar durante 5 a 10 minutos, sin alzar la vista del papel hasta que termines, sin releer ni corregir.

Si no se te ocurre nada, responde a esta pregunta: ¿cómo me siento ahora mismo?

Insisto, no te pares a repasar lo escrito mientras escribes, así, evitarás juzgarlo. No importa que cometas erratas al escribir.

Si te das cuenta de que estás dirigiendo tus pensamientos y eligiendo qué escribir, párate y comienza de nuevo o déjalo para más tarde. Tal vez no sea el momento.

Con este ejercicio de escritura espontánea expresas aquello de lo que no eres consciente habitualmente. Descubre qué surge y déjate sorprender.

La consigna principal es: toma tu cuaderno y un bolígrafo y empieza a escribir. ¿Qué sale?

Cuando termines, escribe al menos una frase comentando la práctica: ¿cómo te has sentido?, ¿qué ha supuesto para ti la experiencia de escribir sin filtro?

2. ESCRIBIR LAS SENSACIONES

«Nada hay en la mente que no haya estado antes en los sentidos».
Aristóteles

Los sentidos son la puerta a las sensaciones, una puerta que separa el cuerpo y el exterior de la conciencia y de nuestro interior. Las dos caras de la moneda, porque no hay uno sin el otro. Somos seres sensoriales incluso en los momentos en los que podamos creer que no sentimos nada. Todos los sentidos trabajan para nosotros las 24 horas del día.

Los sentidos son como antenas que recogen datos del exterior, nos permiten descubrir el mundo de diferentes maneras. A veces nos olvidamos de alguno o tenemos más desarrollados unos que otros. Se nos define como auditivas, visuales o kinestésicas en función del sentido que tengamos más desarrollado a la hora de interpretar el mundo en general y la experiencia en particular.

Es importante conocer cuál predomina en nosotras porque nos ayuda a entender nuestra particular interpretación de la vida, y trabajar con los demás para conocer aspectos ocultos de nuestro propio ser.

Además, todo lo que hay en el cerebro ha traspasado antes la puerta de los sentidos. La memoria guarda, como pequeños tesoros, cientos de olores, sonidos, sabores, imágenes que, de repente, pueden sorprendernos y nos trasladan a otro momento de nuestra vida, a otro lugar. Otras veces nos negamos a creer que algo que consideramos nuevo lo es porque nuestro cerebro lo reconoce, como cuando «te suena» una persona o reconoces un sabor de algo que crees que es desconocido para ti.

En la literatura encontramos ejemplos sobre el poder evocador de los sentidos como La magdalena, de Proust o El perfume, de Patrick Süskind: «Y muy pronto, abrumado por el triste día que había pasado y por la perspectiva de otro tan melancólico por venir, me llevé a los labios unas cucharadas de té en el que había echado un trozo de magdalena. Pero en el mismo instante en que aquel trago, con las miga del bollo, tocó mi paladar, me estremecí, fija mi atención en algo extraordinario que ocurría en mi interior. Un placer delicioso me invadió, me aisló, sin noción de lo que lo causaba». Por el camino de Swann, Marcel Proust.

Al escribir debes olvidarte del cerebro y de querer objetivar; las sensaciones las encuentras en el estómago, en la piel, en los oídos, en las fosas nasales, en una especie de aura que te rodea cuando cierras los ojos y te dejas llevar. No hay nada más que hacer, no hay que pensar: solo siente. Si te detienes a observar, podrás darte cuenta de que las sensaciones las llevas en el corazón en forma de sentimientos.

¿Cómo describir una sensación con palabras? Es difícil si lo comparas con un objeto: azul, cuadrado, de 45 cm de ancho o suave. En cambio, la sensación es etérea, personal, incuantificable y, a veces, indescriptible. Solo puedes evocarla y tratar de asignarle una palabra concreta.

Te preguntarás cómo se hace, ¿verdad? Para evocar, es decir, acudir a los pequeños tesoros de la memoria y traerlos al presente, necesitas codificar el recuerdo por medio de varios elementos: visual, auditivo, olfativo, táctil y gustativo. Lo que era una puerta de entrada ahora lo es de salida a través del recuerdo con un aderezo emocional. Si rememoras una sensación desde un solo sentido, por ejemplo, el visual, los demás componentes que conforman ese recuerdo se manifiestan también gracias a las conexiones neuronales que realiza el cerebro —por defecto, sin buscarlas ni querer darles forma—.

Al escribir tienes que conocer bien lo que vas a recordar y reconocer las sensaciones que despierta en ti.

Escribir desde los cinco sentidos requiere práctica. Una forma de sacarlo, para poder escribir o hablar de ello, es traerlo primero a la mente con un ejercicio meditativo. Que la atención repose en las sensaciones, una a una, para observar, sin juzgar y, luego, escribir desde la pureza de lo experimentado.

Vamos a trabajar con cada uno de los sentidos:

<u>Vista</u>

A menudo, la sensación que describes se limita al color o al tamaño. Amplía tus perspectivas a todos los posibles estímulos visuales que llegan al pensamiento y que son más de los que crees. Por ejemplo:

-La dimensión espacial: ¿cómo es de amplio el lugar en el que estás? ¿Es cerrado o abierto? ¿Sobrecargado o espacioso? ¿Hasta dónde puedes abarcar con la vista? ¿Limpio, sucio, ordenado, acogedor, húmedo, desértico...?

-La fuente de luz: es importante tenerla en cuenta. ¿De dónde viene la luz? ¿Qué la emite? ¿Es blanca, tiene color? ¿Es directa y brillante o está tamizada por algo? ¿Hay ventanas? ¿Donde estás es oscuro, claro...? Percibe la variación de color conforme avanzan las horas y la luz cambia.

-El color: suele ser lo primero que nos viene a la cabeza. Usa comparaciones y otros recursos para no quedarte solo con el color primario.

-Las texturas: no pertenecen solo al ámbito del tacto, también puedes verlas y evocarlas. Aportan mucha información al texto.

-Los contrastes y el movimiento: de personas, de las hojas del árbol, del agua del estanque, lo que veas.

Piensa cuántas veces has caminado sin darte cuenta de lo que hay en el entorno; no siempre ves todo porque no miras o, como se suele decir, miras sin ver porque no pones atención. Conviene aprender a mirar y experimentar lo que ya conoces, situándote en un ángulo diferente, yendo más allá de lo obvio. Quédate con el detalle y, cuando escribas, muestra. No cuentes lo que ves: muéstralo.

En palabras de L. M. Mateo: «Cuando mostramos, vamos un poco más allá en la narración de los hechos, pretendemos provocar sentimientos profundos en el lector, que empatice con nuestros personajes, que respire nuestro mundo»[1].

Contar es informar y mostrar es evocar. No escribas que estabas nervioso; mejor describe cómo movías las piernas y lo mordidas que tienes las uñas.

Mira a tu alrededor y cierra los ojos. ¿Qué «ves» en tu mente?

Oído

No solo se trata de lo que escuchas. Cuando evoques un sonido para escribirlo busca el tono, la intensidad, el color de la voz, su característica —irritante, suave, cálido, molesto…—. Hay una meditación que me encanta en la que se nos anima a escuchar debajo del ruido: el guía te invita a no quedarte en el sonido que escuchas, sino a buscar el silencio debajo de ese sonido.

1 https://deliriosypalabras.com/muestra-no-cuentes-mito-y-realidad/

Siente el silencio también. Sin juzgar, sin analizar, sin evaluar si te gusta o no. Solo escucha en este instante. La identidad y la dirección de una fuente de sonido pueden ser importantes. ¿El sonido viene de lejos o está cerca? ¿Está en tu misma habitación o más allá de las paredes?

Escucha ahora, en este instante: ¿qué oyes? ¿Te trae algún recuerdo? ¿Qué sensación te produce? ¿Puedes describir ese sonido?

¿Qué ocurre con la falta de sonido? ¿Cómo describes el silencio? A menudo es necesario recurrir a las metáforas porque el silencio es nada, vacío, ausencia, es el no ruido.

Pon una fuente de sonido —gong, música— durante un minuto y, cuando la apagues, cierra los ojos y sigue escuchando dentro de ti. Evoca ese sonido interior —voces, pensamientos— cuando vayas a escribirlo; es como dar forma a las sensaciones que emergen. Puedes utilizar onomatopeyas, ritmo y sonido de la escritura.

<u>Olfato</u>

Escribí en mi novela La casa de Mar que el olfato es un sentido que no puedes evitar. Tienes poder para decidir mirar algo, escuchar, tocar o saborear. Pero el olor suele llegar de forma involuntaria. Aunque te tapes la nariz, el olor traspasa y se mete dentro de ti.

Y es que tiene una conexión directa con el almacén de la memoria, esos pequeños tesoros que guarda. Te animo a revivir emociones y evocar recuerdos a través del olfato. Este sentido es el territorio de la infancia, el que más recuerdos trae: el bizcocho recién horneado de tu abuela, el olor de la madre que da el pecho al bebé, el perfume de las sábanas limpias, el barro mojado del parque, el lápiz, etc.

Al sentido del olfato se lo considera por debajo de la vista y el oído debido a que es un sentido más primitivo, que tendemos a despreciar o ignorar en nuestra vida cotidiana. A menudo, notamos con más precisión solo los olores fuertes, agradables o no, mientras que los suaves flotan de manera más etérea e inalcanzable. Suele ser difícil describir ciertos aromas, perfumes y fragancias. ¿Cómo lo harías tú?

Lo que es cierto es que un olor evoca mucho. De pronto te das cuenta de que estás recordando algo o a alguien y no sabes por qué. Un recuerdo que te ha llegado por un aroma: las castañas asadas en la calle, las croquetas de tu abuela, la flor que un día tu primer amor te regaló, la almohada de la cama de tus padres... Y también negativos, como el olor de la enfermedad. Observa cómo cambia tu cara si el recuerdo es agradable o no.

Los olores son grandes disparadores de recuerdos y sensaciones que tienes escondidas en el fondo de la mente. ¿Puedes describir un olor?

Toma una taza de café, una flor o cualquier otra cosa que desprenda un aroma fuerte. Aspira durante unos segundos y cierra los ojos. Deja que tu pensamiento vuele hacia donde el recuerdo te lleve. ¿Qué ha sucedido?

Gusto

El gusto es una sensación buscada: tú te llevas algo a la boca o no, pruebas con más o menos ganas, tragas sin saborear o te recreas con el alimento, moviéndolo por el paladar. La descripción de un sabor como dulce, amargo, salado, ácido, picante es más común y nos han enseñado a distinguirlos desde pequeñas.

Un sabor también te puede evocar un recuerdo o llevar a mundos exóticos, o a besos pasados. El olfato ayuda a definir un sabor; muchas veces no hay uno sin otro.

Cierra los ojos y concentra tu atención en el gusto. Prueba diferentes sabores con los ojos cerrados, no hay nada más. ¿Cómo lo describes? ¿Puedes escribir cómo fue el sabor de tu primer beso? ¿O el primer sabor que recuerdes?

La próxima comida que hagas, hazla degustando con plena consciencia y trata de observar la multitud de matices que hay en un solo sabor.

Tacto

El tacto puede ser buscado o espontáneo: la ropa que llevas, el roce de una persona que pasa por tu lado, la brisa del aire al caminar, las gotas de lluvia, la taza caliente, el pie frío de tu pareja, la suavidad o aspereza de una toalla, por ejemplo.

Lo más común es escribir sobre la temperatura y la textura del objeto; no ir más allá de suave, áspero, rugoso, húmedo, punzante... Por eso te pido que no sientas solo a través de la piel: siente con el corazón.

Cierra los ojos y trata de describir qué sensaciones táctiles sientes en este instante. Quizá sea el sentido menos evocador de todos, a excepción quizá de momentos muy concretos como las sensaciones al notar el frío del agua del mar paseando por la orilla, la arena bajo tus pies o la piel de un ser amado.

¿Qué sentido crees que es el más difícil de representar? A la hora de describir te resultará más fácil con aquel sentido que tengas más desarrollado. No todas sentimos igual. Algunas personas perciben mejor con el gusto, disfrutan con la boca, comiendo, bebiendo, experimentando a través del sentido del gusto.

Otras tienen especial sensibilidad acústica y perciben ruidos donde otras no oyen nada. Estas personas tienen gran capacidad para la escucha, vibran con una buena pieza musical o son capaces de detener su paso al apreciar el canto de los pájaros. Sus recuerdos se crean a partir de canciones o sensaciones sonoras.

Hay quienes lo huelen todo, detectan una ínfima pérdida de gas, pero también pueden oler un rico perfume a muchos metros de distancia, una flor o el aroma de una comida. Reconocen a la gente por su olor y aman las fragancias de las flores en su entorno. El más leve aroma las lleva a otro tiempo y lugar que ahora solo habitan en su memoria.

Otras personas muestran una gran sensibilidad al tacto, a las texturas, a las telas, a las superficies, a las pieles, a todo lo que puede tocarse. Cualquier roce las hace saltar, son extrasensibles al frío y al calor, se les eriza la piel y un recuerdo puede mostrarse con un escalofrío.

La vista es quizá el sentido al que las personas estamos más acostumbradas. Ayuda a salir de dudas —si no lo veo, no lo creo—, a saciar la curiosidad —escuchas un ruido y enseguida vas a mirar—, a reconocer objetos, personas o lugares. La vista quita misterio y da certeza, por eso en este ejercicio vamos a dejarla fuera.

EJERCICIO

Cuando escribimos, solemos usar el sentido de la vista en la mayoría de las descripciones y olvidamos que los demás también comunican. En una novela, por ejemplo, una buena descripción de los demás sentidos puede dibujar la atmósfera sin tener que acudir a «lo que se ve». Describir lo que se siente nos enseña lo que la mirada mostraría de una sola vez.

Te propongo que describas una situación a través de los datos que te lleguen por medio de todos los sentidos, excepto la vista: tacto, olfato, gusto y oído.

Imagina una situación cotidiana: lo que haces al levantarte, al ir en el autobús, hacer deporte, cocinar. Por ejemplo, si eliges el momento del día en el que estés caminando, ya sea dando un paseo o yendo de un lugar a otro de compras, intenta conectar con todos tus sentidos y déjate llevar por ellos. Prepara tus antenas sensoriales, tu radar personal, y observa con atención y calma toda la información que te llegue. Luego, intenta poner en palabras lo que sentiste: ¿qué sentido fue el predominante? ¿Apareció algún recuerdo? ¿Fue doloroso o feliz?

También puedes, si lo prefieres, rescatar de tu memoria una anécdota y hacer que la «veamos» con los sentidos. ¿Cómo la describirías? Descubre cómo activar el olfato, oído, gusto o tacto para descubrir recuerdos. Un aroma puede guiarte hacia un lugar, un lugar hacia una persona, una persona hacia una situación. Déjate llevar por los sentidos, que la información provenga de lo que oyes, hueles, tocas, saboreas. Rescata lo que sea importante para ti y escribe lo que surja sin juzgar.

Mi consejo es que no utilices las palabras propias de los sentidos: es decir, no escribas «tenía frío»; la idea sería: «la piel se me erizaba al abrir la ventana. Un temblor que me recorrió el cuerpo me hizo reaccionar y cerré para sentir el calor de la calefacción».

Intenta describir las sensaciones que te produce usando los adjetivos más idóneos que encuentres, metáforas, etc., siempre mostrando, tal y como lo evocas a través de los sentidos. Te ayudará a conseguirlo cerrar los ojos y recordar la sensación antes de escribir.

3. ESCRIBIR LAS EMOCIONES

«No siempre quien sonríe es feliz. Existen lágrimas en el corazón que no llegan a los ojos».
Jane Austen

Seguro que no te digo nada nuevo si te cuento que en nosotras habita un universo de emociones. Si te pido que hagas una lista, ¿eres capaz de escribir más de 10?

Es bastante habitual que hagamos una distinción entre emociones negativas y positivas, por cómo nos hacen sentir, aunque cada vez más se hable de que todas son buenas y de que no debemos rechazar ninguna. Lo importante es gestionarlas de forma adecuada para que sus efectos no sean nocivos ni perjudiciales a largo plazo.

Por culpa de esta dicotomía entre positivas y negativas, a veces, maldecimos la emoción que nos domina y nos hace creer que perdemos el control; en otras ocasiones, nos hace sentir tan bien que la adoramos y nos gustaría seguir apegados a ella y quedarnos con ese bienestar que no queremos que acabe.

Pero pocas veces nos paramos a pensar en la utilidad de esa gran variedad de emociones que surgen sin buscarlas. Son tan antiguas como la humanidad y han sido imprescindibles en su supervivencia. Al igual que el ser humano, han ido evolucionando y la utilidad que tenía, por ejemplo, el miedo, ya no es la misma que en la actualidad.

¿Por qué decimos que las emociones nos han garantizado la supervivencia y evolución como especie desde nuestros orígenes? Porque son una respuesta automatizada que se desencadena ante un estímulo externo y que están codificadas en nuestro sistema nervioso. Las emociones provocan una serie de cambios bioquímicos en nuestro cuerpo y nos disponen a la acción, por lo tanto, son imprescindibles para que sigamos vivas.

La utilidad de una emoción se pierde cuando nos domina y nos imposibilita vivir con normalidad. Para que no ocurra, tenemos que aprender a gestionarlas. Hay muchas maneras de manejarlas; en este capítulo te voy a hablar de la gestión emocional en cuatro pasos desde la perspectiva del *mindfulness*:

1. El primer paso es aprender a reconocer la emoción en el momento en el que aparece. Si practicas *mindfulness* ya habrás entrenado lo que llamamos «darse cuenta», que no es otra cosa que hacer consciente la emoción y percibirla antes de que nos controle.

2. El segundo paso es darle la bienvenida. Aceptar la emoción que experimentas es imprescindible para canalizarla de forma adecua-

da. Para aceptar, hay que estar entrenada en el no juicio, es decir, que no la juzgues ni la califiques. Piensa que ha aparecido porque tiene una función que cumplir. Aunque en la niñez te dijeran que eres cobarde por tener miedo, o débil por sentir tristeza o timidez, olvídalo. No hay nada más dañino que ese juicio y esa etiqueta. Son destructivos y de lo que se trata es de aprender para construir. Esos juicios afectan a nuestra capacidad de canalizar las emociones porque, al juzgar una emoción como mala, tendemos a bloquearla. Por tanto, dale la bienvenida y no la juzgues.

3. El tercer paso es atravesar la emoción. ¿Qué significa esto? Es sentirla y vivir el proceso durante el tiempo que sea necesario, con paciencia y humildad, dejando que fluya sola. Si te resistes o tratas de evitarla o de cortarla antes de tiempo, provocarás más estrés, ansiedad, vacío e incomodidad. Además de transitarla con paciencia, sobre todo cuando son emociones desagradables, te sugiero que mires la otra cara de la moneda, es decir, que le busques el sentido y te hagas cargo del aprendizaje o claridad que te aporta. ¿Cómo? Con atención: observa qué sientes y cómo lo sientes.

4. El cuarto paso es dejar ir la emoción. No te aferres a ella ni la uses para hacerte la víctima o para sostener una situación que deja de ser real porque ya solo queda en el pasado.

De todas las emociones que puedes sentir en cualquier momento, vamos a trabajar la ira.

Cuando finalices este capítulo, te invito a que hagas el mismo trabajo con cualquier otra emoción como la ansiedad, el estrés, la vergüenza, la tristeza, la alegría, siguiendo las pautas del ejercicio que encontrarás al final del capítulo.

La ira suele identificarse como algo negativo, destructivo y que es muy perjudicial, tanto para nosotras como para los que nos rodean. Sin embargo, es una emoción primaria con un beneficio genérico que ha contribuido a nuestra supervivencia como especie y, bien gestionada, incluso como personas. El problema es, como ocurre con todas las demás, su buena o mala gestión.

¿Cuándo surge la ira? Suele aparecer cuando el enfado se hace más explosivo y potente a causa de algo externo que nos molesta y actúa como disparador o no es como queremos. El cerebro interpreta esto como una amenaza y se prepara para la lucha con cambios en el rostro, acelerando el ritmo cardíaco y la respiración, entre otros efectos. Esto ayudó al hombre primitivo a sobrevivir en situaciones peligrosas y amenazantes. Por ello, el origen de la ira no es negativo, ya que tiene un fin positivo. En la actualidad, surge en situaciones que no son realmente amenazantes y provoca reacciones agresivas que pueden ser destructivas si no se trabaja la reactividad.

Quédate con la idea para hacer el ejercicio porque antes quiero hablar un poco más de algunas emociones para que puedas escribir sobre ellas.

Muchos de nuestros procesos mentales suceden de forma inconsciente, pero otros, como la memoria, la percepción o las emociones, también lo hacen de forma consciente. La consciencia es un estado unificado que se nos presenta como un todo, integrado por múltiples componentes gracias a los sentidos: el olor, el sabor, la forma, etc., como vimos en el capítulo anterior, y la percepción consciente que obtenemos se nos presenta como unificada.

No es fácil explicar las emociones con palabras. Definir es acotar y a menudo la emoción trasciende los límites de una palabra concreta. Es eso y mucho más, es eso pero no. Si las palabras se quedan cortas o no se ajustan, trata de representarlas desde lo más visual. Imagina que pudieras hacer un escáner de la emoción que vive en ti en este momento. ¿En qué lugar de tu mapa corporal la situarías?

Presta atención con más detenimiento a tu parte emocional: quizá se asemeje a un río, ¿puedes visualizarlo? Un constante fluir en el que las emociones discurren y se transforman. Date cuenta de que, a menudo, las emociones no tienen nada que ver con algo ordenado y lógico, más bien con todo lo contrario. Incluso a veces puedes sentir varias al mismo tiempo, que son contradictorias entre sí. De las emociones más comunes —miedo, ira, rabia, orgullo, amor, tristeza y alegría— pueden derivar otras. Cuando esto sucede, es interesante que te centres en la emoción más dominante —la protagonista— y la escuches.

Y de todas aprendemos algo. Por ejemplo, el miedo es una emoción que aparece para prevenirnos y mantenernos en la zona de seguridad. Y por seguridad no solo entendemos el tener las necesidades materiales cubiertas y alejarnos de las amenazas externas, sino también en las relaciones, ya que nos empuja a poner límites y decir que «no».

O la tristeza, que aparece cuando hay una pérdida en nuestra vida y nos permite parar para reflexionar. Las pérdidas pueden ser de distinto tipo: de salud, de persona, de estatus, de trabajo, etc. La tristeza es una emoción muy sabia y hay que saber escucharla, ya que favorece el desarrollo personal.

La rabia aparece ante la injusticia y nos da la fuerza y la voz para poder restablecer la justicia. Es una emoción que está mal vista por la sociedad: si estás triste, todo el mundo te pregunta por qué y trata de consolarte en lugar de dejarte sentir y aprender de la tristeza. Esto hace que a menudo tiendas a reprimirla —cuántas veces se ha dicho a los niños que no se llora, por ejemplo—. Sin embargo es muy poderosa si te ayuda a reflexionar y aprendes a reconducir la situación que te ha llevado a ella.

Cuando el amor aparece, surgen dos emociones contrapuestas: junto a la seguridad o serenidad que te aporta el ser amado puede aparecer el miedo a perderlo. El amor es una emoción que va unida a la amistad, la familia, la comunidad, la autoestima, la pareja, el orgullo y el reconocimiento. Y posibilita la sensación de fortaleza interior para afrontar lo que llegue. El amor nunca puede ser debilitante; cuando lo es, la emoción secundaria —o principal, obsérvalo— tiene que ver con los celos, la pérdida, la baja autoestima, el miedo.

La alegría bien gestionada va unida a la paz interior. No solo se trata de la alegría por los logros propios y personales, sino también de la compartida, es decir, alegrarte de los logros de los demás. Cuando no es así, surge la envidia, el sentimiento de inferioridad y otros que te alejan de la paz interior. La alegría, además, te permite responder a las adversidades del día a día y disfrutar de los pequeños placeres de la vida. Para lograrla es necesario gestionar bien el resto de las emociones. El mensaje de la alegría es el de la plenitud: el sentimiento de que estás alineada con tus valores, de que estás escuchando a tu intuición y te acercas a tu propia verdad.

EJERCICIO

Como te he avanzado más arriba, la propuesta es trabajar con la ira, aunque puedes sustituirla por otra emoción que te interese o repetir el ejercicio con cada una de ellas.

Lleva tu mente a algún momento de tu vida en el que sentiste mucha ira y escríbelo. ¿Qué consecuencias tuvo? ¿La supiste gestionar? Piensa en lo que te hace sentir ese enfado y dibuja, o escribe, en tu mapa corporal dónde la sientes —un nudo en el estómago, dolor en las sienes, presión en el pecho—.

Sentir un gran enfado y no tener una reacción agresiva es beneficioso siempre que ese sentimiento te movilice y te muestre que hay algo que debes cambiar, por ejemplo. Puede ser el detonante que necesitas para tomar acción frente a algo que no te gusta o te molesta. De hecho, en algunas competiciones deportivas se lleva al jugador a ese punto de ira que lo hace reaccionar.

Ese detonante puede ser clave para que busques respuestas creativas a lo que te esté ocurriendo, a lo que te hace enfadar. Un ejemplo: si te molesta engancharte siempre con el mismo clavo medio salido en una pared, reaccionar a golpes no te ayudará, pero usar ese enfado para tomar acción y arreglar la pared sí hará que la situación cambie y no vuelva a pasar.

Reconocer las sensaciones que preceden al ataque de ira o a la explosión del enfado, pero no llegar a él, también ayuda a expresar injusticias ante hechos o situaciones que necesitan ser cambiadas. Sabes que hay algo que no está bien y que te enfada: ¿por qué?, ¿qué es y qué puedes hacer para que no ocurra? Aprender a reconocer estas sensaciones previas te ayudará a no llegar a situaciones de no retorno o que empeoren las cosas y, en cambio, te pone en el camino de cambiar lo necesario para mejorar lo que las origina.

Todo ello antes de que la ira te haga saltar y reaccionar con agresividad destructiva. Esta observación previa te hace saber hasta qué punto puede ser buena y cuándo deja de serlo y te destruye.

Para que juegue a tu favor no debes dejarte llevar por ella.

En la situación que has escrito, trata ahora de:

- Identificar la causa que te llevó a sentir ese enfado. Con frecuencia es al pararnos a pensar en lo que nos provoca ira cuando nos damos cuenta de que, en realidad, no era tan importante ni tan grave. La próxima vez que te venga esa emoción, parar y pensar en la causa te ayudará a no dejarte llevar.

- Intenta recordar si saltaste enseguida o pudiste mantenerte en silencio. La próxima vez cuenta hasta 10 y respira. Esta pequeña pausa, aunque difícil, es muy beneficiosa porque ayuda a que te tranquilices y no saltes sin pensar. Evita automatismos.

- Recuerda las primeras señales cuando te diste cuenta de que aparecía la ira. Aprender a reconocer estas señales te va a ayudar a parar antes de que se apodere de ti y no haya vuelta atrás.

Al escribir las situaciones que te producen ira, tomas distancia de los pensamientos y emociones que la provocan. No debes ignorar lo sucedido después de que haya pasado.

Con la escritura, puedes analizar, buscar una explicación y pensar en los modos que tienes a tu alcance para que no vuelva a ocurrir. Escribe también sobre cómo te has sentido al hacer el ejercicio y recordar esa situación.

En general, a la hora de llevar la emoción al papel, te sugiero que cierres los ojos y recrees en tu mente la situación que te provoca cada emoción: ira, tristeza, alegría, vergüenza, rabia, asco, preocupación, nervios, etc.

Por tanto, escribe el relato que has creado en la cabeza. A continuación, expresa cómo te hace sentir. Y para finalizar, qué podrías hacer para gestionarlo mejor si te vuelve a suceder y qué aprendizaje te deja.

Si decides practicar con la tristeza, te propongo algo más: visualiza a una persona triste y fíjate en su postura corporal. Si observas detenidamente, suele estar cabizbaja, como si solo pudiese observarse a sí misma. Esta postura es muy simbólica porque el objetivo de la tristeza es la introspección, que te pares a reflexionar y a aceptar lo que ha ocurrido para reponer energía y volver a empezar. ¿Has visto cómo le hemos dado la vuelta a una emoción que se califica como negativa?

Como con la ira, crea un relato y escríbelo. ¿Qué has experimentado durante la escritura? ¿Has llorado? ¿Te has liberado de algo?

4. ESCRIBIR UNA DESPEDIDA

«Adiós, mi amor querido. Gracias por todo lo que me diste, y gracias por cada vez que vuelvas a pensar en mí».
Alejandro Casona

Durante la pandemia no han sido pocos los allegados que se nos han ido y de los que no hemos podido despedirnos. En ocasiones así, es recomendable escribir una carta a la persona que nos ha dejado.

No solo cuando la pérdida es por una muerte. Ante la separación de una pareja, en especial si la ruptura es traumática y en el proceso solo sale lo peor de cada uno, escribe una carta de despedida a la persona de la que te enamoraste, la que dejó de ser para convertirse en lo que es. Por supuesto, no hace falta enviarla. Solo saca de ti todo lo que sientes por esa persona, lo que quisiste decir y no has podido.

Las cartas son una buena manera de sacar a la luz lo que llevamos dentro, desahogarnos y aclarar nuestros sentimientos hacia nosotras mismas u otra persona. Incluso puede ayudarnos a tomar una decisión que no vemos o no nos atrevemos a hacer realidad. Cuando no se llevan a cabo los rituales de duelo habituales en nuestro entorno o no han sido suficientes para nosotras, utilizar otras herramientas, como es el caso de la carta de despedida, nos proporcionan una oportunidad para resolver ese duelo o separación y mitigar el dolor.

Hablo de cartas de despedida, pero puedes usar otras herramientas de escritura como un relato o una entrada en tu diario. Se trata de poner palabras a la realidad que estás viviendo, duelo o separación, y encontrar un lugar para esa persona que se ha ido en tu mente y en tu emoción. En muchas ocasiones, darle un nombre a lo que sientes ayuda a liberar y conseguir la paz. Examinar si hay culpa y sanarla con palabras. La despedida escrita no es olvido, sino reconocimiento a la persona. Si es una pérdida por fallecimiento, vas a decirle que conservas su recuerdo. Dale ese espacio que merece y que siempre será suyo. Escríbele con el corazón.

En los últimos tiempos he encontrado muy bellas despedidas en las redes sociales. Sí, también vale. He podido leer hermosos textos hacia una persona fallecida, o ante una separación de pareja en la que se reconoció el amor que hubo, o por un hijo que se va a vivir a muchos kilómetros. Despedidas que el cuerpo nos pide hacer públicas y que ayudan a cerrar círculos y sanar heridas.

Si es una ruptura, la carta —que puedes romper después si no quieres dejar nada que te una a esa persona— libera tus emociones descargándolas en ese papel que todo lo soporta. Vacíate de ella, libera las cadenas y saca el dolor, la humillación, la tristeza, las desavenencias… Para que tu yo renazca debes liberar esos sentimientos que el proceso te ha causado.

Decir adiós no es fácil. Al contrario, puede ser doloroso y complicado. Puede tenerte llorando delante del papel con el bolígrafo en suspenso, te temblará la mano, te nublará la vista. Y eso está bien. Las lágrimas drenan y sirven de vehículo a todo lo que deseas sacar. Déjate sentir.

Las despedidas forman parte de la vida y no podemos evitarlas, aunque nos cueste. Es todo un aprendizaje el saber desprendernos de lo que ya no forma parte de nuestra vida y seguir adelante, porque la nuestra sigue y todo lo que está por venir nos necesita como personas enteras.

Las despedidas son difíciles porque las asociamos a perder lo que creíamos seguro en la vida; de pronto, nuestro mundo cercano cambia, así como cambia nuestro rol en él. Como todo cambio, implica pérdida no solo de la persona, sino de todo lo que conllevaba estar con ella.

Pasado un año de la muerte de mi abuela, mi madre seguía cogiendo el teléfono para llamarla. Son detalles que surgen en el día a día y que nos unen a esa persona.

La carta, como herramienta de escritura terapéutica, tiene unas implicaciones diferentes para cada persona y en cada momento.

Antes de escribir, explora qué miedos escondes tras la idea de despedirte. En general, el más común es el miedo al olvido, en el caso de un fallecimiento, junto con un sentimiento de deslealtad o traición al seguir viviendo sin esa persona. Sin embargo, despedirse no implica renegar del recuerdo, sino interiorizar la idea de que esa persona querida ya no está físicamente presente, pero puedes encontrar un lugar para ella en el recuerdo y en el corazón.

Así lo expresaba Charles Chaplin: «La vida me ha enseñado a decir adiós a la gente que quiero, sin sacarlos de mi corazón».

En una ruptura buscada, escribes a esa persona de la que te enamoraste y que ya has perdido porque en el curso de los años dejó de ser la que era. O tal vez has sido tú quien ha cambiado. Guarda en las palabras aquello bueno que te dio y suelta lo que te hizo daño.

Tal vez la despedida es un yo que quieres dejar ir. Si dejas de fumar, por ejemplo, despídete de ese tú fumador y da la bienvenida a tu yo no fumador. Al escribir la despedida, añades compromiso. Recuerda en tu relato felicitarte por lo que consigas. ¿Quién mejor que una misma para reconocer el esfuerzo y los logros?

En toda despedida, sea del tipo que sea, el proceso de aceptación es costoso y provoca dolor. Prueba a escribir todo lo que pasa por tu cabeza y oprime tu corazón.

EJERCICIO

¿Estás en un momento de despedida? De alguna persona fallecida recientemente, por una ruptura sentimental o de amistad, por cambio de trabajo, por un yo que quieres dejar atrás...

Si no es tu caso, busca en tu memoria y rescata un momento en el que tuvieras que despedirte de alguien o de algo.

Escribe una carta de despedida como ejercicio de este capítulo y, cuando termines, escribe sobre cómo te sientes tras haberla escrito.

5. ESCRIBIR LISTAS

«Espero que ahora, al escribirlo, quede definitivamente desalojado del casillero de mis preocupaciones».
Mario Levrero

Las listas, aunque te parezca muy tonto, son buenas desencadenantes de la escritura y ayudan también a que canalices lo que sea que te preocupa o necesitas resolver. Lo que pongas en ella refleja cómo eres y tus características personales o del momento que vives.

Es, además, un ejercicio de desbloqueo que usan las escritoras cuando se atascan: pon una palabra y luego otra y otra más, enumeradas en vertical, y avanza. Puedes ir de lo general hasta el detalle, bajando una escalera, organizando el pensamiento palabra a palabra. Observa hacia dónde te lleva.

El principal cometido de las listas es la organización. Cumplir objetivos, alcanzar las metas —aunque muchas veces parecen imposibles— y poder organizarte sin dejar nada de lado para mantener el equilibrio parece una tarea difícil, pero con un aliado clave puede ser posible: las listas.

Y aunque volcar todo en un papel a modo de organización o, simplemente, para tener un esquema mental y exteriorizarlo parezca algo rutinario y sin valor agregado, lo cierto es que tiene muchos beneficios para ayudarte a cumplir todo lo que te propongas.

Esta forma de escribir en listado tiene muchas más utilidades que te voy a mostrar.

Escribir ya sabes que es terapéutico. Las listas significan orden a lo urgente. También es importante tomarlo como herramienta para dar prioridad a las cosas y trabajar para que se cumplan cada uno de los objetivos.

Por tanto, son una especie de organización que favorece la tranquilidad y la calma mental. A muchas personas las ayuda a organizarse y el hecho de tener una lista les da la seguridad de controlar, aunque sea irreal; su mente lo cree y se relaja.

En *The organized mind* (*La mente organizada*), el neurocientífico Daniel Levitin explicó que solo podemos mantener cuatro cosas a la vez en mente. Por ello, las listas sirven para liberar los pensamientos y evitar la sensación de que no tenemos el control de nuestra vida y de que se nos olvidan las tareas, fechas, citas...

Además, te ayudan a darte cuenta. Después de hacer la lista sin parar —ponte un temporizador con el tiempo que quieras dedicar al ejercicio, entre 5 y 15 minutos, y escribe todo lo que se te ocurra— puedes hacerte preguntas. Si has hecho una lista de defectos y cualidades, pregúntate: ¿ese defecto soy yo? Mira las cualidades, ¿cuál de los dos tiene más peso, el defecto o la cualidad? Escribe y reflexiona con honestidad, no saques la negatividad ni la irrealidad.

Listas de los «tengo que», de los «me gustaría»…, ¿qué puedes hacer para cambiar eso? Para que el «tengo que» se convierta en un «voy a» o «quiero» o, mejor, en un «he conseguido». Para que los «me gustaría» se conviertan en realidades. Haz otra lista de acciones a tomar.

Más opciones:

-haz una lista de tus manías,

-de lo que odias frente a lo que te gusta,

-de tus cualidades frente a tus defectos,

-de tus fantasmas,

-de las mentiras que has dicho,

-de las mentiras que te cuentas,

-de la gente a la que has ayudado,

-de cosas que te sobran frente a las que deseas,

-de una meta a trozos: escribe el objetivo final y ve detallando cada vez más, troceando en objetivos asumibles a corto plazo. Escribirlo es el primer paso para conseguirlo,

-de cosas insignificantes, que te hacen bien, te hacen reír o te dan placer. No hay nada más qué hacer, ni saber por qué eliges esa palabra y no otra,

-de tus preferencias y gustos: de lo que eliges sobre lo que dejas. Al escribirlas, las estás reafirmando,

-de lo que nos gusta de otra persona: un hijo, una pareja, una amiga.

Prueba algo más divertido: escribe una lista de lo que llevas en el bolso o la mochila: ¿qué significado hay detrás? Pueden ser objetos prácticos o «por si acasos», ¿qué dicen de ti todos esos objetos? ¿Significan algún recuerdo que quieras narrar? Todo es susceptible de ser narrado: haz tu lista y escribe.

Antes de un viaje haz una lista de todo lo que te vas a llevar y a la vuelta escribe una narración de lo que hiciste con esos objetos. Un recuerdo del viaje a partir de una lista previa.

Otra lista muy típica: escribe todo lo que te gustaría hacer antes de morir. Esto puede ser deprimente si no es realista y si no elaboras un plan de acción que te lleve a hacer los deseos realidad. Repasa tu lista cada mes y tacha lo que ya has hecho. En mi lista ponía escribir un libro y ya llevo cinco. Casi todo es posible si te pones en marcha. Empieza por lo más asequible y viable, porque si escribes viajar a la luna...

Haz una lista de todo lo bueno, y solo lo bueno, que has vivido, desde tu nacimiento, en los últimos diez años, o solo el último año.

Tendemos a escribir lo negativo que nos sucede y obviamos lo positivo. Te mereces todo lo bueno que te pase: escribe tu lista y rememórala cuando te sientas mal o creas que nada te sale bien.

Escribe una lista de libros leídos con una palabra al lado sobre qué te hicieron sentir.

Y una lista de todas la personas que han pasado por tu vida y de alguna manera te han impactado: ¿qué ha supuesto cada una de ellas?

Elabora una de adjetivos, los que primero te lleguen a la cabeza, y construye un relato: ¿es sobre ti o sobre otra persona?

Indaga y descúbrete con las listas. Deja que fluyan las palabras, una detrás de otra, nada más. Reflexiona después, no lo hagas mientras las escribes.

EJERCICIO

Para terminar este capítulo, te propongo varios ejercicios.

Escribe durante 5 a 15 minutos máximo y no lo leas hasta que la alarma salte, sin trampas. Deja que salga todo lo que tenga que salir, como en la escritura automática.

Trabaja con ellas. Por ejemplo, si has hecho una lista de cosas insignificantes que te alegran el día: ¿puedes hacer un pequeño relato? En 10 o 15 minutos, no más. Hila las palabras para que tengan un sentido.

Las listas solo sirven para poner orden y para nada más si no miras a través de ellas: ¿qué predomina? ¿Qué te están diciendo? ¿Qué relato surge? Todo lo que escribes es un eslabón, un punto que unes a otro con el hilo invisible de la narración.

Recomendaciones para practicar:

1. Para hacer a diario: escribe listas de agradecimiento cada noche. Entre una y tres cosas al día. Y ve a dormir con el corazón agradecido.

2. Para cuando no sepas qué escribir: si la hoja en blanco te abruma, haz una lista con lo que sea que pase por tu cabeza, da igual si son palabras inconexas, la mente se pone en marcha al accionar esa primera palabra que te llevará a otra, y esa a otra, y a otra más...

3. Haz una lista poética con tus tesoros más preciados, esos que al pensar en ellos se te hincha el corazón y te ponen la sonrisa en la cara, da igual si son humanos, animales, objetos o todos ellos.

4. Una propuesta muy interesante es la que Kathleen Adams hace en su libro *Journal Self: Twenty Paths to Personal Grow* y que denomina la lista de los 100 elementos. ¡Exacto! Se trata de escribir una lista de 100 cosas, y no son tantas aunque te lo parezca. ¡Pruébalo! Si te dejas llevar, como haces con la escritura automática, las palabras irán saliendo solas. Además, lo importante no es llegar a las 100 obligatoriamente, sino conseguir ese estado de flujo que permite a las palabras que salgan, de cualquier manera. Intenta escribir tanto como puedas de una sola vez, con total libertad, sin detenerte a buscar la mejor palabra, sin pararte para ver si tiene lógica o para comprobar si te repites. Da igual. Como lo hagas está bien porque es lo que ahora sale de tu mente.

Las listas que propone K. Adams son muy variadas. Te dejo algunas de su libro junto a otras que te planteo yo:

-Lista de los 100 temores que tengo en este momento o, similar, 100 cosas que te dan miedo.

-Lista de las 100 mejores cosas que te han pasado.

-Lista de las 100 cosas que más te avergüenzan.

-Lista de las 100 cosas de este mundo que habitamos que te gustaría conservar, y qué vas a hacer para cuidarlas.

-Lista de tus 100 descubrimientos más interesantes.

-Lista de las 100 cosas/actitudes que más te ofenden.

-Lista de las 100 cosas ocurridas este año que merece la pena recordar.

-Lista de los 100 gestos que más aprecias.

Y mi preferida:

-Lista de las 100 cosas que aún están bien: escribe una lista de 100 cosas que siguen estando bien en tu vida aunque creas que vives un momento malo —sobre todo, si es así porque te ayudará a ver que no todo es negativo—. Puedes mirar a tu alrededor en este instante o echar un vistazo a todo lo ocurrido en los últimos meses. Cuando hayas terminado, déjala reposar uno o dos días; después, vuelve a revisarla y escribe lo que descubras. ¿Qué dice tu lista? ¿Qué has descubierto?

Según K. Adams es a partir de la palabra número 80 cuando empiezan a salir los temores más profundos, las palabras que habitan en lo más recóndito de tu interior, las que estaban escondidas y necesitabas hacer conscientes. ¿Las reconoces? Quizá te dé la pista sobre dónde tienes que trabajar en ti, o qué es eso que te estaba bloqueando.

Como siempre, cuando termines, escribe un pequeño párrafo sobre cómo te has sentido —¿aliviada, sorprendida, enfadada, ridícula?— y qué has descubierto que pueda mejorar tu vida.

6. ESCRIBIR LA EXPERIENCIA

«La experiencia no es lo que te sucede, sino lo que haces con lo que te sucede».
Aldous Huxley

Escribir la experiencia nos ayuda a comprenderla, a verla tal cual es sin filtros. Si haces meditación *mindfulness*, ya sabrás que se trata de vivir la experiencia en el momento en el que ocurre, dejando que sea. Permitir que las sensaciones y los pensamientos pasen en ese instante y ser consciente de ello.

Una misma situación puede ser vivida de manera diferente según la persona: no hay dos experiencias iguales. Un mismo hecho vivido por dos hermanos, por ejemplo, en el mismo momento y lugar y con las mismas personas puede ser narrado de manera diferente por cada uno de ellos, cuando entran en juego componentes emocionales y personales de cada uno. Un paisaje, un olor, una voz, una música no significan lo mismo para ti que para tu pareja, por muy unidos que estéis. El paisaje, el olor, la voz, la música es exactamente la misma para los dos, pero la experiencia varía. Porque pasa por tu propio filtro.

Como señala Luis Landero en *El huerto de Emerson*, en nuestro pasado —la experiencia— está todo lo que necesitamos para «encender el fuego de la inspiración» porque la «memoria de lo vivido no se acaba nunca», aunque añade, «el olvido va luego seleccionando, depurando, quitando y poniendo, cocinándolo a su gusto». Lo que él llama olvido es el filtro que modela la experiencia, convirtiéndola en un recuerdo diferente para cada una.

Ese filtro por el que hacemos pasar las experiencias está compuesto por creencias, emociones, sucesos pasados, expectativas futuras, miedos, estados de ánimo... Esto es importante: una misma música, por ejemplo, te hace vivir experiencias diferentes según cómo te sientas en el momento en que la escuchas: tras una ruptura o después de una buena noticia, por ejemplo, nos provoca sentimientos distintos.

Tanto en momentos importantes para ti como situaciones cotidianas o de no hacer nada, solo ser y estar, deja que la experiencia se produzca para vivirla. Es decir, que si la piensas a la vez que ocurre, ya la estás pasando por esos filtros que la alejan de la realidad. Trata de vivirla tal cual es y observa qué sentimientos provoca en ti sin analizar o juzgar. Solo siente y observa.

Más adelante, si quieres escribir sobre ella, tratarás de evocarla y quizá, es probable, no la recuerdes con tanta objetividad. La emoción es muy importante a la hora de recordar. Si miras hacia atrás, te vendrán imágenes de momentos felices, de aquel día que alguien te hizo llorar, del ridículo que sentiste o del orgullo y satisfacción por algo que hiciste. El recuerdo no es neutro porque la experiencia no lo es.

En el capítulo anterior escribiste listas, que es algo objetivo. Para escribir la experiencia vamos a incluir lo subjetivo también. Porque un mismo hecho, un mismo suceso, como te he dicho, puede ser experimentado de diversas formas por distintas personas. Esto ocurre a menudo cuando alguien escribe sus memorias: cuando la autora quiere contrastar algo que ha vivido y de lo que quiere hablar en su libro y pregunta a una persona presente en el mismo momento, a menudo le dicen: no, no, no fue así… Pero ¿no era lo mismo?

Así ocurre y puedes comprobarlo con cualquier persona ahora mismo.

Por tanto, sea cual sea la realidad, tu experiencia es solo tuya. Recuerda algún hecho que vivieras con alguien. Si tienes confianza, dile que te lo relate después de haberlo escrito tú y compara las diferencias: ¿son emocionales? ¿De carácter? ¿De puntos de vista?

Algunas son obligadas, por ejemplo, en el nacimiento no tiene la misma experiencia el bebé que nace que la madre que da a luz o el padre que observa, si lo dejan, o el médico a cargo del parto. Cada uno contará ese mismo hecho de manera muy diferente. Pues algo tan obvio en este caso ocurre en todo. No es que la otra persona lo cuente mal, es que lo cuenta desde su experiencia.

En las novelas se observa una diferencia según quien narre la historia. Así podemos distinguir entre:

–Narrador en primera persona. Es el narrador protagonista que cuenta la historia desde el yo, al contar la propia experiencia y siempre bajo su punto de vista; es su propia experiencia. O, también en primera persona, podemos encontrar al narrador testigo, que es el que cuenta la historia, de manera más o menos directa, aunque no le haya ocurrido a él.

–Narrador testigo que cuenta en tercera persona. Explica lo que ha sucedido como observador. Puede ser de dos tipos:

1. Omnisciente. El narrador lo sabe todo, como un dios que mira.

2. Limitado o equisciente: narra desde el punto de vista de un solo personaje y por ello puede contar lo que siente, ve y opina ese personaje, sin contar lo que les pasa a los otros.

–Narrador en segunda persona. Apela, como estoy haciendo en este libro, directamente al lector mediante el tú. En las cartas es el que utilizarías.

¿Cómo quieres narrar tu experiencia?

EJERCICIO

Recuerda un momento cercano. Escribe la experiencia neutra, sin juzgar, como una descripción objetiva, de periodista: ocurrió así, esto es lo que pasó..., como si describes una foto, situando el momento central, el lugar, las personas...

Léelo y siente qué emoción te provoca. Escribe ahora lo mismo con la subjetividad personal, pasado por ese filtro.

Si en ese momento había alguien contigo, pídele que te lo narre y busca los puntos diferentes. ¿A qué crees que se deben?

A continuación, como siempre te pido después de cada ejercicio, escribe la respuesta a estas preguntas: ¿cómo te has sentido? ¿Cómo ha sido la experiencia? Indaga y escribe.

7. ESCRIBIR DESDE LA DUDA

«El primero es la mente crítica, que se manifiesta a través de la duda; duda de si todo esto es verdad o si realmente nos va a funcionar. La duda es sana, pero la forma más eficaz de superar las dudas es mediante la confianza basada en la experiencia».
Andrés Martín Asuero

¿Dudar es malo? La duda no tiene buena fama cuando la relacionamos con la indecisión, la falta de foco o, incluso, con la baja autoestima. Sin embargo, puede ser muy útil si sabes leer en ella. Olvida eso de que dudar es algo negativo. No siempre.

Por tanto, dudar puede ser bueno, sí, siempre y cuando no nos estanquemos y sigamos dando vueltas a algo sin saber cuándo parar.

Dudar nos hace desarrollar nuestro pensamiento crítico porque nos obliga a hacernos preguntas, a escuchar argumentos o a informarnos. Si lo pensamos de manera objetiva, nos damos cuenta de que a diario dudamos cientos de veces: desde el qué me pongo por la mañana, mirando la ropa con el armario abierto sin decidir qué prenda escoger; pasando por el ¿he cerrado la puerta? al salir de casa corriendo, dejándote llevar por los automatismos; hasta el qué serie vemos hoy, pasando por todas las opciones que nos muestran en la actualidad las plataformas de televisión. A lo largo del día se suceden muchos instantes de duda, de cuestionamientos varios, que no tienen mayor problema hasta que se convierten en un detonante de la ansiedad, un reflejo del miedo, un TOC que comprueba todo mil veces antes de salir, o un síntoma de baja autoestima.

Si esto ocurre, el problema es falta de confianza.

Ninguna decisión es buena o mala; elegimos lo que creemos mejor en esas circunstancias. Sí, te hablo a ti. En cada minuto de tu día eliges lo que crees que es mejor en ese momento. ¿Te relaja saberlo? Deja de dudar y confía; nunca sabrás qué habría pasado de haber elegido otra opción. Así que sé feliz con lo que decidas y confía en ti y en tu sabiduría interior.

Ante cada decisión que tomes en tu vida, hazlo desde tu perspectiva, con convencimiento y según tus creencias.

Quizá pienses que sí, que una vez que has tomado la decisión, lo mejor es aceptarla y no sentirse mal; sabes que es la mejor que podías tomar en ese momento concreto y en esa situación personal. Pero ¿cómo tomar la decisión cuando te asaltan todas las dudas?

Efectivamente, lo primero que hay que hacer es tomar la decisión, despejar la duda. De todas las herramientas a tu alcance, la que te sugiero es: escríbelo.

La escritura es una gran aliada en la toma de decisiones. Desde la conocida lista de pros y contras hasta contar en forma de relato lo que te preocupa o necesitas decidir. Escribir te hace ordenar el pensamiento, argumentar las ideas y pone en perspectiva la cuestión que te atormenta. Quizá solo por el hecho de escribir y ordenar tu pensamiento para hacerlo, es suficiente para ver la respuesta.

La escritura te da claridad.

Natalie Goldberg, en *El gozo de escribir*, lo llama «la tortura de la duda». Ella hace referencia a las dudas que asaltan a muchos escritores que se plantean si merece la pena este oficio frente a otros con los que se gana más dinero, o se gana antes. Goldberg asevera que la duda nos desvía del camino y aconseja que no le hagamos caso, que solo trae sufrimiento y depresión. Añado que escuches qué te dice esa duda porque a menudo nos ayuda a reforzar lo que queremos. Míralo como una llamada de atención para clarificar qué es lo que en realidad quieres para ti.

Si es difícil disipar esa duda solo dando un manotazo al aire, prueba con la lista de pros y contras. Escribe en una columna los beneficios o lo que te gusta de tomar la decisión X, y en otra columna, todo lo negativo y lo que no te gusta. ¿Cuál es más larga? ¿Qué argumentos te convencen más? ¿Son realistas? ¿Están condicionados por la decisión que quieres tomar —a veces la sabemos pero no la queremos reconocer—? Si eliges la que según la lista es mejor, ¿te sientes bien?

Otra manera de trabajar con la duda es hacerle preguntas. Por ejemplo, busca el porqué: ¿por qué tengo esta duda? A la respuesta le preguntas: ¿y eso por qué? Y a la respuesta le vuelves a preguntar: ¿por qué?

Un ejemplo simple: no sé qué ponerme para la fiesta.

¿Y por qué no sé qué ponerme? Porque quiero ir guapa.

¿Y por qué quiero ir guapa? Para sentirme aceptada.

¿Por qué quiero sentirme aceptada?

(...)

Quizá la respuesta última a todas estas preguntas es que hay un problema de autoestima—o cualquier otro— oculto bajo capas de razones ficticias que creamos desde la inconsciencia, para protegernos o para no reconocer la verdad. Puede que haya vergüenza a ese reconocimiento. Las preguntas nos ayudan a encontrar la raíz de lo que nos ocurre. Es el primer paso para encontrar la solución.

Vivimos en un mundo de incertidumbre constante. En este contexto, la duda es la puerta que te permite seguir un camino de exploración. Es una ocasión para que te plantees nuevas oportunidades a través del pensamiento crítico y de la creatividad.

La indecisión es negativa si te ancla a la duda constante.

Como decía el psicólogo Walter Riso: «Para evitar la inseguridad, la sociedad nos ha llevado a que nos creamos el otro extremo; es decir, que las personas seguras de sí mismas nunca dudan y siempre saben lo que quieren. Eso es mentira. Si tú no dudas, eres un zombi, un idiota. Siempre hay una duda que te frena por el miedo a equivocarte, pero hay otra duda que te impulsa a investigar, a explorar».

Por tanto, si bien la indecisión puede llevarte a ese estado de inseguridad y falta de equilibrio, la duda ha posibilitado la gran mayoría de los grandes avances de la humanidad. Es la duda la que inspira el pensamiento crítico, la que nos lleva a cuestionarnos nuestra creencias, a buscar el qué y el porqué detrás de lo que nos ocurre, la que pone en marcha nuestra creatividad.

Si queremos darle sentido a la duda, sobre todo, cuando comparamos con los resultados de decisiones pasadas, debemos ser capaces de adoptar perspectivas diferentes y hacer uso de nuestra creatividad para ver con claridad el potencial que se nos presenta en forma de nuevas oportunidades. Uno de los detonantes de la creatividad es la duda porque nos estimula a explorar el mundo, a buscar nuevas ideas y respuestas diferentes.

Utiliza la duda como aliciente para identificar esas nuevas oportunidades desde la creatividad.

Cuando la duda viene por la indecisión de escoger entre diferentes opciones y, en consecuencia, en nuestra mente conviven pensamientos contradictorios, reflexiones que argumentan en un sentido y el contrario, voces externas dando consejos y otros discursos que nos aturden, la escritura sirve para aclarar, limpiar y organizar las ideas y observarlas desde una perspectiva que nos permite tomar el timón. De nuevo, te invito a hacerte preguntas:

-¿Cómo me sentiré si escojo esta opción?

-¿Cómo cambiará mi vida?

-¿Cómo viviré con las consecuencias?

-¿Cómo afectará a las personas que me rodean?

EJERCICIO

Expón esa pregunta o decisión que debes tomar en una sola frase. Ya solo con condensarlo y estructurarlo para poder escribirlo, el pensamiento se ordena y se entiende mejor. Quizá esto sea suficiente para reconocer la duda y el sentido de la misma.

Como trabajo de escritura te propongo que actives tu creatividad y escribas dos relatos: uno tomando la decisión A y otro tomando la decisión B.

Léelos y reflexiona por escrito: ¿cómo te sientes con cada posibilidad? ¿Cómo te hace sentir este ejercicio?

Otra sugerencia es hacerle preguntas al problema o situación que te hace dudar:

¿Qué quiero resolver o qué quiero cambiar? (el objeto de la duda)

¿Qué cambiaría en mi vida si no tuviera esa duda o problema?

¿Cómo sería mi vida si lo resolviera?

¿Cómo me verían los demás?

¿Qué haría en mi vida diaria después de adoptar esa decisión y sus consecuencias?

Ahora imagina que el cambio ya se ha producido, que has tomado la decisión y resuelto la duda. Escribe el relato de un día siendo esa persona. ¿Cómo te sientes?

Estás evocando una realidad que no existe más que en tu mente —primer lugar donde debe existir si quieres que ocurra—. Es una forma de sugestionar y de analizar las consecuencias de esa toma de decisión, de manera que puedas llevar a cabo cambios antes incluso de decidirte.

La idea de este ejercicio puedes aplicarla en tu día a día, sin necesidad de escribir, al visualizar el día que vas a tener antes de levantarte y dando ya el mensaje de lo que quieres que ocurra.

No olvides resumir en una frase cómo te ha hecho sentir el ejercicio.

8. ESCRIBIR EL MIEDO

«He hecho algo contra el miedo. He permanecido sentado toda la noche y he escrito».
Rainer Maria Rilke

«Existen tantos miedos como sea posible inventar».
G. Nardone

«La gente piensa que los valientes no tienen miedo, pero se equivocan: son amigos íntimos del miedo».
Pema Chödrön

Una de las emociones que más reconocemos es el miedo, como vimos en el capítulo 3. Nos paraliza, nos bloquea y nos pone en situación de inseguridad. Aunque a menudo es irracional, lo sentimos como si fuera algo real. Tememos que nos ocurran cosas que nos desestabilicen o nos lleven a perder lo que tenemos y eso hace que, al traerlo a la mente, experimentemos justo lo que tratamos de evitar. Eso es lo que provoca el miedo.

Sin embargo, su origen no es en absoluto algo malo para el ser humano. Más bien al contrario: el miedo nos alerta de un peligro y nos provoca una reacción automática de protección.

Por tanto, es útil cuando nos avisa de un peligro real y nos mantiene alerta para escapar de él. El cuerpo es sabio, ya que es nuestro propio organismo el que pone en marcha los mecanismos necesarios para hacer frente a ese peligro. Ante un miedo racional provocado por un peligro real, actuamos automáticamente para protegernos, como dar un salto hacia atrás si al cruzar la calle viene un coche a gran velocidad, o quitar las manos del asa de la olla caliente al sentir que nos quemamos. Este es un miedo racional.

Hablamos de miedo irracional cuando ese temor es producto de una distorsión mental que nos hace ver peligros donde no los hay. Si estos fantasmas o estas fantasías llegan a determinarnos, se hacen patológicos y se convierten en un obstáculo que nos bloquea y nos incapacita para dar una respuesta adecuada a la situación. En esos momentos, los trastornos de ansiedad pueden aparecer y hasta transformarse en ataques de pánico. Todo este mecanismo sucede porque el que padece el miedo quiere evitar las respuestas fisiológicas y psicológicas que desencadena, y el hecho de querer controlarlas es lo que provoca que se descontrolen. Al final se teme más al miedo mismo y a los síntomas concretos de la ansiedad que a aquello que lo provoca.

No todos reaccionamos con ataques de ansiedad. En muchos casos son miedos que lo único que hacen es paralizarnos y llevarnos a no hacer aquello que, en el fondo, más deseamos. El miedo al ridículo hace que no nos expongamos, por ejemplo. El miedo a tener un accidente hace que no conduzcamos, el miedo a no saber cuidar a un bebé retrasa el momento de tener hijos, y así con todos los miedos. ¿Cuál es el tuyo?

Escribir sobre el miedo va a ser de gran ayuda para superarlo porque hace que te pares a identificar qué hay detrás de él realmente. Al tomar consciencia de su origen y su propósito, serás capaz de gestionarlo y valorar si es real y merece la pena afrontarlo o no. Como en el capítulo de la duda, te invito a hacerte preguntas:

Escribe el miedo que crees tener y reflexiona:

-¿Es ese realmente el miedo que tengo?

-¿Por qué lo crees?

-De esto, ¿qué es lo que me asusta exactamente?

-Si ocurre, ¿qué es lo peor que puede pasar?

-¿Cómo me sentiría en ese caso?

-¿De qué me intenta proteger ese miedo?

-¿Qué pasa si lo afronto/si lo evito?

Ahora que lo has identificado, vas a escribirle una carta.

Asociamos el miedo a parálisis, dolor, bloqueo, automatismo e incertidumbre. Por otra parte, es el miedo el que hace que nos movilicemos y nos pongamos en marcha. Visto así, el miedo puede ser un aliado. Del miedo que has identificado con las preguntas anteriores: ¿qué posibilidades o acciones concretas puedes llevar a cabo para restarle fuerza? Escríbele y dale las gracias por querer cuidarte y prevenirte. Dile lo que vas a hacer para que sepa que eres tú quien está al mando de la situación. No olvides que gracias al miedo puedes activar formas de volver a la seguridad y sentir protección.

Este ejercicio no solo es útil para conocerte, sino para desbloquearte en momentos en los que el miedo te paraliza y te sientes incapaz de tomar una decisión.

Otra forma de tomar conciencia del miedo es imaginarte dentro de 10 años. Visualízate y describe tu aspecto, qué haces y cómo sientes con esa edad el miedo que tienes en este momento. Escribe las imágenes que te vengan a la cabeza, en qué lugares te ves y con quién.

Este ejercicio se basa en la profecía autocumplida de Robert K. Merton, según el cual basta creer que algo va a suceder para que todos los mecanismos mentales vayan dirigidos a favorecer la acción que lo haga posible. Proyectarse en el futuro facilita el cambio en el momento actual, pues el mañana tiene mucho que ver con las decisiones que tomamos en el presente. Observarnos durante un momento en ese futuro que queremos nos ayuda a ir moviendo los hilos invisibles para hacerlo posible, empezando por gestionar el miedo que ahora nos ocupa.

Si el formato carta no te atrae, te propongo otro ejercicio que bien podría estar en el capítulo de las listas. Para tomar conciencia de los bloqueos que te producen los miedos y observarlos con más claridad, haz una lista de todo aquello que te produce temor. Puedes ayudarte completando esta frase «Tengo miedo de...».

Da un paso más para analizar qué hay al otro lado del miedo, porque la lista sola no ayuda mucho más que al reconocimiento. Cuando miras más allá, te puedes sorprender de lo que encuentras; a veces la preocupación que provoca ese miedo no es lo que aparenta ser.

Retoma la lista y vuelve a escribirla, pero con un cambio importante: reemplaza la frase «Tengo miedo de» por «Me gustaría…».

Por ejemplo, si has escrito «Tengo miedo de hablar en público», en este ejercicio la frase debería ser: «Me gustaría hablar en público». Aunque te resulte raro o duro manifestarlo en palabras, hazlo. Es el primer paso para afrontarlo o para aprender a convivir con él. Porque no hay obligación de enfrentarse siempre al miedo a no ser que te esté imposibilitando vivir con normalidad. Una cosa es evitar no subir en globo porque te da miedo, que es algo que no te impide llevar una vida normal, y otra no salir de casa por miedo a los espacios abiertos.

Por tanto, puedes afrontar ese miedo y exponerte a él —con ayuda profesional si es necesario— o aprender a convivir y dejar de tener miedo al miedo. Es decir, no tomarlo como amenaza, escribirlo para verlo con perspectiva y tomar conciencia de si, en el fondo, te da igual que se produzca o no. Fíjate en la de cosas que te estás perdiendo por darle fuerza al miedo en situaciones que pueden no llegar a ocurrir nunca.

Cuando te expones al miedo que quieres afrontar, puedes seguir el método que Rafael

Santandreu expone en su libro *Sin miedo*: «La metodología esencial para dejar de tener miedo al miedo es la exposición: entrar en contacto con las emociones que tememos, hacernos amigos de ellas hasta que desaparezcan; el cerebro, simplemente, las neutraliza, las elimina y nos libera de ellas para siempre».

EJERCICIO

Aunque ya te he sugerido varios, vamos a por uno más creativo. En este ejercicio te propongo inventar una historia de aventuras en la que derrotes a tu mayor enemigo interior: una emoción que te paralice o asuste, un miedo, una situación que temes, etc.

Sigue estas consignas:

- Escribe en tercera persona.
- Dale un nombre y una imagen a ese enemigo.
- Inspírate en los cuentos de hadas, dragones, héroes que conozcas en los que haya pócimas secretas, objetos mágicos, etc.
- El final debe ser positivo o, como mínimo, esperanzador.

Este ejercicio está basado en las técnicas narrativas de Paola Santagostino, de su libro *Un cuento para sanar*.

Dicen que evitar el miedo hace que este se haga más fuerte. Escribirlo nos ayuda a plantarle cara. Con el ejercicio del relato provocas las peores fantasías que puedas imaginar. Escribe —en el relato o al acabarlo— todo lo que sientes al hablar sobre el miedo y después de haberlo hecho.

¿Cómo te ha hecho sentir este ejercicio? Escríbelo en una frase.

9. ESCRIBIR UN RELATO PROPIO

«La escritura es tu hogar: te cobija, lo compartes o te recluyes allí, circulas entre sus líneas, dejas entrar a quien quieres, puedes abrir las ventanas, espiar lo que ocurre fuera. Es una válvula de escape».
Silvia Adela Kohan

«Al escribir, se nombra lo innombrable, que es lo que ocurre en el sueño».
Silvia Adela Kohan

¿Cuántas veces te has sorprendido contándote tu propia película? Real o imaginada, nos pasamos la vida narrándonos. Es una característica del ser humano. Somos capaces de recrear una conversación que acabamos de tener y en la que nos hubiera gustado contestar de otra forma, hasta la que aún no hemos tenido y nos da miedo tener.

¿Por qué narramos? Las respuestas varían para cada persona. Todas somos narradoras. Unas lo hacen para el público y todas, sin excepción, para sí mismas, ya sea de manera consciente o no. En nuestra cabeza mantenemos un constante diálogo interno. Los autodiálogos, también llamados soliloquios, son constantes y nos acompañan durante todo el día, aunque no los percibamos. Nos contamos lo siguiente que tenemos que hacer, lo que no nos apetece, lo que opinarán, lo que tememos, lo que imaginamos que pasará, lo que ocurrió y opiniones sobre cualquier cosa. Somos una constante narración.

De hecho, es algo que nos distingue de los animales: la narración y la capacidad de razonar.

La rumiación narrativa, aunque provoque que nos digan que estamos en la parra, no tiene por qué ser negativa, ya que puede ser la forma de sumergirnos en una continua transformación. El proceso narrativo está compuesto por las historias que contamos tanto a otros como a nosotras mismas. La palabra narrada puede ser escrita, dicha o pensada. De cualquier manera, la palabra crea y da sentido a nuestra vida. La palabra verbalizada tiene tanto poder como la palabra que callamos.

En toda narración debe haber dos sujetos o interlocutores: el que narra y el que escucha/lee, que pueden ser la misma persona. Aunque es cierto que la receptora de lo narrado no siempre es consciente de lo que escucha, es decir, que no nos escuchamos. Cuando la mente divaga sola y te lleva a pensamientos a los que no sabes cómo has llegado, no te estabas escuchando.

El interlocutor interno es el primero que se manifiesta a través de todos nuestros yoes. Pero no decimos todo lo que pasa por la mente. En la comunicación oral, algunas cosas se dicen y otras cuesta expresarlas. ¿Decimos lo que de verdad sentimos? Es difícil hacerlo. Hay una dificultad, un desfase, entre lo que sentimos y pensamos, y entre lo que expresamos en realidad. En la escritura no ocurre. Al escribir es más fácil que lo que decimos coincida con lo que sentimos. La escritura refleja con más exactitud el monólogo o diálogo interno. Volcamos esa narración que nos contamos con argumentos, preguntas y razonamientos que tratan de convencernos o disuadirnos a nosotras mismas.

El relato sanador

Un cuento, un relato, una novela o nuestro propio diario nos ofrecen una oportunidad de sanar, de buscar nuevos sentidos, de conocer otras miradas y realidades. Son narraciones que contienen las palabras que nos desvelan y descubren.

A lo largo de este libro estamos viendo que, para comprender, debemos sacar lo que está tan dentro que no podemos verlo con claridad. En la palabra escrita encontramos la comprensión de los demás y de nosotras mismas.

La narrativa está muy ligada a nuestra parte emocional porque hace de puente hacia el conocimiento de lo nuevo y el redescubrimiento de lo ya conocido. Con las palabras tratamos de dar nombre a los sentimientos, aunque las callemos. Y digo tratamos porque no siempre somos capaces de hallar la palabra adecuada. A veces, un abrazo nos ayuda a expresar lo que el corazón quiere decir y la mente no le deja.

Hay momentos en los que son las palabras de otros las que nos rescatan. Esa frase que compartimos en redes, el poema que copiamos en una tarjeta, una cita que leemos en voz alta. Las palabras expresan emociones de todos los colores. ¿Has probado a escribirlas?

Las narraciones son maestras. Los cuentos, por ejemplo, desde edades muy tempranas enseñan, muestran y hasta educan. El cuento escuchado, palabras que nos llegan con la voz del adulto que nos cuida y nos quiere. Esa voz que nos acuna y nos calma. El cuento leído, palabras que entran por los ojos y llegan hasta la imaginación, que nos hace ser los personajes y vivir lo que no vivimos.

Relatos y novelas que nos ayudan a regular los sentimientos y a ordenar conceptos y creencias. Historias que nos despiertan, que nos ponen en guardia, que nos resuelven dilemas. En el instante en que leemos, somos un personaje concreto, o los somos todos. Convivimos con ellos. Queremos saber qué les va a ocurrir y ejercitamos nuestra mente al buscar la solución desde nuestro lado —lo que yo haría— para descubrir que hay muchos yoes y no todos deciden como tú.

Podemos narrar una historia para llenar un vacío o para crearlo, para hacer visible lo que no es nombrado. Porque sin nombre parece que no existe. Dar nombre es reconocer. «Me siento mal» es una ambigüedad que empieza a resolverse cuando lo nombramos: es tristeza, depresión, enamoramiento, derrota… Igual que las personas, que empiezan a ser importantes cuando les damos un nombre; cuando la vecina pasa a ser Juana o cuando la cajera se convierte en Esperanza.

Vivir sin narrar

No podemos vivir sin las historias narradas. En las sesiones de cuentacuentos o cuando un padre/madre lee un cuento, observa a esos niños y niñas entregados y confiados al narrador. En ese momento todo es posible. La narración, al escucharla o escribirla, es un ejercicio de atención plena y consciente en el que el silencio, los sonidos, el acto de escribir, el gesto… puede llevarnos a emociones y pensamientos más profundos, a momentos pasados y a sensaciones corporales que podemos observar. Aceptamos lo que llega.

Se produce una conexión entre el que escribe y el que narra, con el otro o con una misma en la soledad de la escritura. Podemos decir que narrar crea vínculos entre nosotras y con los demás.

«Ser escritor es descubrir, luchando pacientemente durante años, la segunda persona que se esconde en el interior de uno y el universo que convierte a esa persona en lo que es».
Orhan Pamuk

¿Te identificas como persona que narra? ¿Cuál es tu relato? Obsérvate durante un día cualquiera y haz consciente el pensamiento: date cuenta de cuántas veces estás relatándote algo. Descarga el cerebro escribiendo ese relato. Pon una palabra en la hoja en blanco y empieza a escribir. Te sorprenderá lo que puede salir de ti. Cuanto más llenas el vacío de la página, más espacio dejas en tu mente. Recurre a la escritura automática, como veíamos en el capítulo 1, o párate antes de escribir para recoger esa narrativa interna que estás manteniendo contigo mismo.

La narrativa te invita a la exploración del mundo, interior y exterior. Es capaz de construir un refugio en el que serenarte y respirar, un lugar seguro para el que escribe y también para el que lee y escucha. La narración es un ancla al momento presente en el que se produce a la vez que abre una puerta a la novedad que pueda surgir y sorprenderte.

Narrar te da libertad.

El relato, tu relato, el que tú escribes, te da varias oportunidades: en el acto de escribirlo, al leerlo y al releerlo. Si escribes para otros, con la lectura se crea un espacio entre escritora y lectora. En ese espacio la historia narrada puede variar con el punto de vista de quien lee. Por eso, con cada lector hay una conexión distinta, aunque el narrador no sea consciente de ellas.

Si escribes para ti, ese espacio es contigo. Lees con distancia. Puede parecer incluso que tengas la sensación de que eso le ha pasado a otra persona. Ya no es tan importante. La distancia te da perspectiva. En la escritura no solo trabaja tu mente, también el corazón, con las emociones que plasmas, y el cuerpo, con tus gestos y ademanes. No escribes ni narras igual con ira que con pereza o tristeza. Tu narración está en sintonía con todo tu ser. La escritura te conecta con lo que eres. Y también con la que fuiste y con quien quieres llegar a ser.

El que narra juega con las palabras y con los silencios. Como tú, que, al escribir tu vida, eliges lo que dices, la palabra es escogida incluso cuando la trazas al azar. La mente escoge por ti. La palabra que callas y no escribes nunca será dicha fuera de ti. Tanto con el silencio como con la palabra, expresas una emoción o un pensamiento.

Cuando escribas tu relato deja que la creatividad dance con tu imaginación sobre la pista del papel/pantalla. Saca a bailar al sufrimiento sin oprimirlo, dejándole espacio para que se exprese. Coge de la mano a la esperanza y a ella sí, abrázala fuerte. Compón una coreografía con las palabras que te acompañan al baile. Y cuando acabes, observa tu narración. Lee también las pausas y silencios.

Narrar la verdad que existe o la imaginada. Ambas son sanadoras porque estás encontrando soluciones que quizá no imaginabas antes de escribir. Textos que te arrancan posibilidades, alternativas, cualidades escondidas, sueños, acciones, nuevos objetivos, habilidades, inmaculadas aún, que tienes aunque no lo sepas. Te descubres gracias a tu propia narración y gracias también a la ajena: la que lees y la que escuchas.

En tu relato descubres que eres más que tu imagen creada por ti, más de lo que crees que los otros ven, más que tus pensamientos, emociones y circunstancias. Narra, escribe, descubre y mírate con amabilidad, cariño y compasión. Cuando eres capaz de nombrar lo que sientes, es cuando empiezas a soltar. La palabra da el espacio necesario para que la historia se desarrolle.

Escribir te da el poder de organizar, visualizar, depurar, predecir, explorar, afrontar miedos y comprender. Un mundo de opciones se abre ante ti: puedes escribir un diario, un relato o cuento, una poesía, una carta, una lista, un guion..., todo vale.

Escribe cómo quisieras ser y descubre cómo eres. Escribe con las emociones. Empezar es fácil. Solo necesitas la intención, un cuaderno y un boli o tu ordenador. Busca una guía que te lleve de la mano.

EJERCICIO

Vas a escribir un relato. ¿Con qué fin? Escribir historias cortas, a modo de cuento, es muy saludable, entretenido y activa la creatividad cuando la tenemos dormida. Te hago dos propuestas:

1. Crea el cuento que le lees a tus hijos con algo que los motive. Úsalo para enseñar algo.

Para transmitir una idea, un aprendizaje, para explicar una situación concreta.

2. Escribe un relato de lo que te ocurre. En escritura terapéutica el relato es una herramienta muy potente. Cuando una situación te abruma, algo que te ha pasado, que te nuble la mente, cuéntalo como un relato que le pasa a otra persona diferente a ti. Lee cómo esa historia es la de otra y míralo con esa perspectiva: no eres tú. ¿Qué piensas ahora? ¿Era tan grave?

Ya lo sabes: constantemente nos estamos contando historias en la cabeza. Somos seres en continuo relato. Prueba a sacarlo de tu cabeza antes de que se lie la historia y deje de ser real.

Antes de empezar, debes saber que la estructura típica de un relato es: introducción, nudo y desenlace

En la introducción o planteamiento se presentan a los personajes y se explica cuándo y dónde comienzan los hechos que vas a relatar.

En el nudo o desarrollo se cuenta lo que ocurre: qué hacen los personajes y qué les pasa. Sus problemas y los enredos en los que se meten. Es la parte más larga del relato.

En el desenlace se resuelve la situación y se cuenta cómo acaba la historia.

Cuando termines el relato, recuerda escribir sobre cómo te has sentido al hacer el ejercicio y después.

10. ESCRIBIR COMO MEDITACIÓN

«La necesidad de plasmar en papel aquello que permanece sumergido en el inconsciente durante mucho tiempo no puede ser una ardua tarea dirigida a lectores o críticos, sino a uno mismo».
Ray Bradbury

«Escribo porque no sé lo que pienso hasta que leo lo que digo».
Flannery O'Connor

Uno de los momentos más íntimos para escribir es después de meditar. Poder expresar la experiencia vivida durante el tiempo que ha durado la práctica o lo que quizá haya pasado por la mente. Así llegas a la escritura como parte de la meditación, recogiendo sobre el papel todo aquello que has experimentado durante la misma.

Pero sentarse a meditar puede dar miedo. Y no solo si eres principiante. Los meditadores habituales también tienen días en los que prefieren hacer cualquier cosa antes que detenerse y estar presentes con sentimientos incómodos, o ser realistas al hacer consciente lo que les dice su mente de mono.

¿Cómo acercarte a la meditación sin tener que permanecer sedente sin nada más que hacer? Según los investigadores, una solución, cuya eficacia están demostrando, es llevar un diario de atención plena —y combinarlo con la práctica formal o sumarlo a ella—. La escritura no solo potencia la atención plena, sino que aumenta la sensación de relajación y los pensamientos y emociones positivos.

¿Puede ser la escritura una práctica meditativa en sí misma? Por supuesto que sí. Quizá algunos lo incluyan en lo que se denomina *mindfulness* informal. Me parece bien, aunque no soy amiga de las etiquetas. Lo que me importa es el resultado que encuentres y, sobre todo, la experiencia misma.

Al escribir desde las entrañas, cuando te dejas llevar por el pulso que marca el fluir del pensamiento, cuando te atreves y te das permiso para dejar el control —no decides qué escribir—, te abres a ese «darse cuenta» que es la esencia del *mindfulness* y de la meditación, es decir, la escritura te ayuda a despertar la consciencia.

Todos los capítulos anteriores son un ejemplo de escribir como meditación. Tanto si has tenido algo que decir, previamente pensado, como si es una escritura automática y libre.

A menudo comento que la escritura es un ejercicio de atención: no es posible escribir algo diferente a lo que se piensa. Pruébalo si no lo crees. Es por ello que para no perderte en clase es buena idea tomar apuntes. O en una charla.

Cuando un ponente dice que no es necesario tomar notas porque te va a pasar la presentación, obviamente, quiere decir que no copies cada texto que aparece proyectado. Pero escribir tus notas sí es bueno, aunque luego ni las leas porque ayudan a:

-mantener la atención en lo que escuchas,
-afianzar lo escuchado en la mente.

Deja que los pensamientos vayan donde quieran en la práctica escrita. Empieza con un disparador: lo que surja si haces escritura automática o a partir de una propuesta. Y tira del hilo, sin forzar, deshaciendo nudos. Deja la mente fluir y vacíate. Si te quedas en blanco, escribe: «me he quedado en blanco», «no sé qué escribir» o frases similares; lo que sea que te está martilleando la mente.

La escritura necesita un ritmo mucho más lento que la narración oral. Das tiempo a ordenar las ideas y en eso consiste también la meditación. No es soltar sin más, de manera atropellada. Ordenas, reajustas y, de manera inconsciente, eliges qué escribir.

Aun sin pararte a reflexionar, de forma natural rebajas el tono más duro con el que te hablas en la mente o utilizarías desahogándote con alguien.

Con la práctica diaria de la escritura meditativa —si te acostumbras a llevar un diario íntimo—, obtienes una fuente inagotable de relatos propios y se produce la paradoja de que, al vaciarte en el papel, te llenas como persona. La escritura como meditación te acerca al sentimiento de plenitud.

Otra característica es que conectas cuerpo, alma y mente. Se produce un vínculo por la que todo el ser se une en una sola tarea. Todo converge hacia el mismo lugar: lo que escribes.

Para iniciarte en esta práctica te recomiendo que escribas a mano. No pasa nada por hacerlo en el ordenador, como ya vimos en el capítulo 1. Si tu objetivo es vaciarte de pensamientos o plantear alguna cuestión por escrito, vale cualquier manera. Si el objetivo es meditar y conseguir un estado de serenidad y paz mental, lo aconsejable es hacerlo a mano, precisamente, por ser un proceso más lento y necesitar más consciencia.

Por ejemplo, yo utilizo un cuaderno para mis páginas matutinas —cierto que a veces lo sustituyo por el ordenador, donde tengo una carpeta exclusiva—, papeles en sucio para hacer lluvia de ideas y garabatear, una agenda en papel y un diario diferente para los pensamientos y notas a los que quizás quiera volver más tarde. Sí, lo sé, muchas libretas en mi vida. Seguro que hay alguna más porque también tomo notas a mano de las ideas de novela o libros de no ficción que me surgen.

Para empezar a practicar la escritura meditativa, deja de lado la excusa de que no se te da bien escribir, porque eso es lo de menos. Nadie va a evaluarte. Lo que vas a hacer es permitir que los pensamientos se aclaren. Posiblemente, conforme seas consciente de lo que piensas, puedas comprender mejor las emociones que hay debajo de esos pensamientos.

Imagina un iceberg. La parte que puedes ver sobre el agua es el pensamiento. La enorme parte de abajo, que permanece oculta a tus ojos, es lo que sostiene ese pensamiento, que es la emoción. Escribir nos ayuda a pasar de estar atrapadas en nuestras mentes, por encima del agua —conspirando, planificando, obsesionándonos o preocupándonos—, a explorar lo que hay debajo de la superficie y estar presentes, con compasión, con cómo nos sentimos, qué es lo que impulsa esas acciones mentales.

Tomemos como ejemplo el capítulo de las emociones en el que hablábamos de la ira: si estás enfadada con un compañero, y te recreas en las conversaciones que quieres tener con él de manera que notas cómo te sube la ira incluso antes de llegar el momento de verte con él, estás adelantando esa emoción. Prueba a tomarte un tiempo para escribir sobre la rabia que sientes, la indignación, tus preocupaciones, miedos y cualquier otra cosa que pueda surgir. Puede que lo escrito te revele otra emoción que no sabías que estaba ahí, como el dolor, la decepción, el miedo a perder, etc.

Hay más maneras de llevar la meditación a la escritura. Tu cuaderno es un buen lugar para que anotes los sueños que te asaltan en la noche. Quizá al escribirlos le encuentres un significado, una razón de ser. El sueño es el pensamiento más espontáneo. No lo controlas. Si tienes la suerte de recordarlo y quieres indagar en él, déjalo por escrito.

Como en los ejercicios que ya conoces, después de anotar lo soñado, escribe cómo te sientes o te ha hecho sentir ese sueño.

Si nos atenemos a la definición más estricta de la palabra, la meditación se entiende como la práctica por la cual el individuo entrena la mente o induce un modo de consciencia para reconocer un estado mental o como un fin en sí misma. ¿Encaja con la escritura íntima y personal?

Mira hacia dentro con curiosidad —no para criticar ni juzgar— y cuenta lo que ves con tus propias palabras: qué es lo que más te obsesiona, tu mayor miedo, lo que te alegra, con qué vibras... Son los cimientos para construir ese yo que deseas ser.

La escritura te hace pensar. Cualquier acontecimiento del día, por sencillo que sea, puede dar pie a un texto que sea el inicio de una reflexión posterior: la luz que surge unos minutos entre dos ramas, el gorrión que se acerca al nido a dar de comer a sus crías, el niño que le cede el asiento a una persona mayor, la mirada de profundo amor entre una pareja de ancianos —¿cuántas historias habrán traspasado esos cuatro ojos?—. Cuando salgas de casa, observa esos detalles que no ves si vas con el piloto automático puesto. Al regresar, escribe lo visto y lo que a ti te ha dejado dentro.

En la vida cotidiana hay miles de historias para narrar.

Un ejercicio meditativo que hago en mis talleres es mostrar una foto y preguntar: ¿qué historia hay detrás de esa imagen? No pido que la describan: «una mujer morena sentada en una silla con la mirada perdida…». No. Eso ya lo veo. Las animo a contar lo que no se ve. Lo que después leo es muy curioso, porque nunca ha habido dos relatos iguales. Algunas alumnas lo llevaban a lo personal: se ponían en el lugar de la persona que veían en la foto y escribían una historia muy cercana a la suya propia; no necesariamente a lo que les pasa, sino a lo que les gustaría que les pasara. Otras alumnas han dejado libre la imaginación y han inventado verdaderos e increíbles cuentos. Pero, aun creyendo que hablaban de otra persona, desconocida para ellas, en el fondo hablaban también de sí mismas.

Porque al usar la escritura como práctica de meditación contribuyes a que aflore lo que no ves de ti. Lo comparo con la parte de la espalda propia que no ves a no ser que uses dos espejos. La escritura es ese espejo.

Dicen que el papel lo soporta todo. Aprovecha para decir las cosas que no te atreves. Si dentro de ti pueden crecer o emponzoñarse, en el papel se quedan congeladas. Mantén conversaciones que te da miedo tener, halaga , perdona, sincérate. Lo que necesites.

Así como en la meditación formal puedes hacer diferentes prácticas, en la escritura también. No te quedes solo con la escritura automática. Combina diferentes ejercicios, explora posibilidades, prueba distintos disparadores y cambia. Un día haz una carta, otro utiliza una cita para reflexionar, hazte preguntas y tira del hilo. En este libro has descubierto algunas propuestas que te animo a probar si no lo has hecho ya. Y sigue explorando. Habrá días que las palabras no lleguen a ti y otros en los que se te pase la hora prevista. Todo está bien porque al meditar te das lo que necesitas. El resto del día tendrás que encajar tus obligaciones. Al escribir, no. Deja que sea tu ser el que dirija la práctica.

No hay reglas, solo la apertura a la experiencia y dejarte sorprender con lo que venga con curiosidad. Escribir para aprender, no para juzgarte.

Con la meditación pueden ocurrir dos cosas: o que tomes conciencia del momento y lugar en el que estás, siendo más consciente de tu cuerpo en este instante y de la experiencia que vives tal y como se produce, o que viajes con la mente a otro lugar, de manera que de vuelta al hogar te traigas en tu mochila nuevas enseñanzas sobre ti y sobre el mundo. Cuando viajas sin rumbo, a la deriva, te pierdes. Si, aunque no sigas ningún rumbo, viajas a la aventura pero con consciencia y te das cuenta de cuándo es el momento de volver, estás meditando también.

Recoge las enseñanzas en tu cuaderno. Viaja con ese enfoque disperso y observa hacia dónde te llevan las palabras que emanan de tus dedos. Como escribe Ray Bradbury en *Zen en el arte de escribir*: «¡Estalle, hágase pedazos, desintégrese!».

Cada tensión busca su fin, descarga y relajación propias y adecuadas. Dejar que esto ocurra puede llevarte a la locura, la ansiedad, la depresión o la enfermedad. Darle un cauce para que discurra te llevará a la paz interior. La escritura meditativa es uno de los posibles cauces.

Otras formas de practicar la escritura meditativa:

1. Escribir como meditación en sí misma. Configura un temporizador, apaga el teléfono y aparta otras distracciones. Prepara lápiz y papel. Practica la escritura espontánea (cap. 1) y date la libertad de escribir sin obstáculos. Déjate llevar por tu corriente de conciencia: lo que sea que surja, incluso si es «no sé qué poner». Sin editar, sin correcciones ortográficas o preocupaciones gramaticales. Los errores y erratas son bienvenidos. Si prefieres no usar un temporizador con tiempo fijo, simplemente, escribe hasta completar las páginas que desees. Un buen número son 3 páginas por día. Además del ejercicio de escritura automática, puedes hacer cualquiera de las propuestas de los capítulos anteriores.

2. Escribe como una premeditación, para aquietar la mente antes de la práctica formal y prepararte para profundizar. Si vas a realizar un ejercicio concreto, por ejemplo, de compasión, y quieres pensar antes sobre el objeto de tu atención, puedes reflexionar sin más o escribirlo. Al finalizar, puedes escribir sobre las emociones que han surgido durante la práctica.

Puedes hacer una rato de escritura espontánea y después observar qué ha surgido en ella para pasar a hacer una meditación sobre ello. Al leer lo escrito, observa si necesitas una práctica de autocompasión, de perdón, agradecimiento, escaneo corporal, enfoque, calma... O nada y solo deseas meditar en la respiración sin nada más que hacer. La escritura automática no intencionada puede darte la clave de lo que necesitas.

No hay una forma incorrecta de procesar el pensamiento, no hay una forma incorrecta de explorar y no hay una forma incorrecta de expresar: la parte importante es permitirte hacerlo.

No se nos enseña a hacer una pausa y examinar nuestras historias, a considerar si son ciertas o, lo que es más importante, si realmente esa narrativa interna sirve para algo. Es maravilloso cuando algunas alumnas me han comentado que escribir les ha supuesto un gran alivio al entenderse y comprender la razón de lo que les ocurre, y que la claridad mental tras los talleres ha sido un regalo. Me emocionan esos momentos de gratitud mientras ellas experimentan un cambio real en su bienestar emocional. Momentos que cambian vidas.

¿Puedo, simplemente, escribir en lugar de meditar? La pregunta del millón.

¡Sí, puedes! Aunque los más puristas te digan que no es meditación. No lo es si pensamos en la práctica formal que implica permanecer sedente durante un tiempo. Pero sí lo es su interpretación informal en tanto en cuanto trabajas en un reencuentro contigo.

Si estás luchando por sentarte en quietud, la escritura puede servir como una meditación en sí misma, siempre y cuando lo hagas con intención. También puedes descubrir que, después de escribir un poco, tu sistema nervioso se estabiliza, tu mente se serena y, quizá, entonces te apetezca quedarte en quietud durante 5 o 10 minutos, o los que desees. Si es así, puedes hacer una meditación en silencio o escuchar una guiada si te ayuda más.

Las palabras —habladas o escritas— te conectan con el mundo, con los demás y con tu verdadero yo. Cuando no eres capaz de hablar, siempre puedes recurrir a escribir. Recuerda que el fondo del valle nunca te ofrece las mejores vistas. Y que las palabras pueden liberarte.

EJERCICIO

Además de todos los ejercicios propuestos en los capítulos anteriores, puedes empezar un texto a partir de uno de estos inicios:
- Quiero escribir sobre...
- Hoy soy feliz porque...
- Me arrepiento de...
- No me arrepiento de...
- Agradezco...
- Lo más bonito de este día ha sido/va a ser...
- Pienso en...

- Sé que...
- Me ha dolido que...
- No voy a dejar que...
- Voy a...

Al terminar cada ejercicio, haz una pequeña reflexión, aunque apenas sea una frase o una palabra, sobre cómo te has sentido al escribirlo.

11. ESCRIBIR MÁS

«Escribir las vivencias, las alegrías y los temores. Escribir desde la sombra, el amor y el dolor. Escribir desde el cuerpo y el silencio. Escribir para encontrarnos a nosotros mismos desde nuestras verdades más profundas, que son las únicas a las que podemos tener un acceso con sentido...» .
Norma Osnajanski

A lo largo de este libro has experimentado con la práctica de diferentes ejercicios de escritura. Hay muchos más. Te recomiendo que los pruebes todos y te quedes con los que más te gusten para repetirlos. También puedes ir adaptándolos a tu vida y a las circunstancias personales de cada día.

A continuación, te dejo varias preguntas y sugerencias a partir de las cuales puedes empezar a escribir de forma automática o construir un relato personal. Todas ellas están pensadas para que, tras la escritura, logres un espacio mental de paz, claridad y reflexión.

Te animo a que continúes explorando por tu cuenta de una manera que te resulte cómoda. ¿Procesas escribiendo? Genial. Saca tu diario y explora lo que surge de tu interior. Lo más importante es que adquieras una rutina, a ser posible diaria, de escritura personal.

EJERCICIOS

Preguntas para empezar a escribir:

¿Qué no quiero sentir ahora mismo?

¿Qué estoy tratando de hacer bien hoy/en mi vida/con el asunto X?

Si tu voz interna te quiere convencer de algo que no eres, ¿de quién es la voz que me dice que no soy suficiente como soy?

¿Creo que merezco que se me ame tal como soy? ¿Por qué o por qué no?

Ante la realidad de que voy a morir, ¿qué me parece importante?

¿Estoy haciendo espacio para el placer en mi vida? ¿Creo que merezco placer? ¿Por qué o por qué no? ¿Qué me da verdadero placer?

¿Y si fuera suficiente tal como soy? ¿Cómo me siento al pensarlo?

Ante una crítica, ¿qué haría si no me importara lo que los demás piensen de mí?

¿Qué experiencias me han formado tal y como me presento en el mundo?

¿Cómo afectan las historias que creé sobre mí y cómo influyen en lo que soy ahora?

¿Qué historias estoy cargando sobre mí y que podrían no ser ciertas?

¿Qué podría haber hecho de manera diferente?

¿Cómo y en qué puedo mejorar hoy, por y para qué?

Sugerencias de relatos:

Relato descriptivo, con todos los detalles que puedas, en el que expliques a un extraterrestre que acaba de llegar a la Tierra cómo es tu mundo a través de tus sentidos.

Desde el lugar en el que estás escribiendo, levanta la cabeza y escribe 10 cosas a las que no les habías prestado atención.

Si algo te obsesiona, escribe sobre ello —como la mayoría de los escritores—.

Escribe el sueño de la noche anterior. ¿Quiere decirte algo?

Carta a un destinatario con el que tengas un conflicto y dejar que salga todo lo que sientes. El objetivo es descubrir y liberar nuestras emociones.

Carta a ti o a un destinatario ficticio al que le cuentes lo que te causa tristeza o te ha hecho daño.

Carta de agradecimiento y reconocimiento a ti por algo que has logrado o a otra persona por algo que ha hecho por ti.

Prepárate para que tu vida cambie para siempre.

En mi blog y en mis redes encontrarás más ejercicios de escritura, libros y talleres.

Sígueme en www.pilarncolorado.com y en Instagram: @pilar_n_colorado

«Escribir ayuda a organizar la mente. Pienso que escribir es muy útil, no solo para organizar el pensamiento, sino también para comunicarnos con otras personas. A través de la reelaboración lógica de los propios pensamientos se descubren a menudo nuevos puntos de vista que nos ayudan a profundizar en nuestras reflexiones. Os aconsejo vivamente que escribáis: a través de la escritura se desarrolla un proceso de comprensión eficaz de las cosas que nos rodean».
Manual de un monje budista para liberarse del ruido del mundo, Keisuke Matsumoto

Escribe desde las entrañas.

Querida lectora:

Espero que las palabras que has leído te hayan calado y que tengas el ánimo de escribir. No hace falta que repita todos los beneficios que tiene.

Si necesitas disparadores para empezar a escribir, te recomiendo mi libro *365 reflexiones para 365 días* en el que encontrarás diferentes citas de personajes famosos y de autoridad en su campo que te invitan a la reflexión. También puedes seguir trabajando con los talleres que ofrezco en mi web www.pilarncolorado.com.

Y si te ha gustado, te agradecería que hicieras una pequeña reseña en Amazon o en Goodreads para que más gente pueda beneficiarse del contenido de *Escribir desde las entrañas*.

Muchas gracias,
Pilar N. Colorado

Valencia, 2022

AGRADECIMIENTOS

Que escribo desde que tengo uso de razón es un tópico que a menudo habrás escuchado a diferentes escritores o escritoras. Y suele ser cierto. Me recuerdo escribiendo en mi habitación o con mi cuaderno a cuestas desde un primer diario que me regalaron. Ha sido una válvula de escape cuyos frutos recojo ahora al formar parte de mi vida profesional.

Por tanto, mi primer agradecimiento va para mi familia —padres y hermanos—, que me permitió escribir en la niñez y adolescencia y a la persona que me regaló ese diario. Y en segundo lugar a mi familia creada —marido e hijos—, por dejarme el espacio que necesito para seguir escribiendo.

Este libro no habría sido posible sin mis alumnas, las que han confiado en mí y han participado en los talleres de escritura emocional, tanto en grupo como en privado. Todas habéis contribuido a que organizara mi pensamiento para poderlo volcar en estas páginas y he aprendido mucho de todas vosotras.

A mis lectoras cero, todas escritoras y algunas alumnas: Inma Bretones, Laila R. Monge, Irene Moya y Cora King, que me han ayudado a aclarar frases y reforzar ideas. A todos mis profesores y autores con los que he aprendido. Y, por supuesto, a mi correctora y gran apoyo durante todo el proceso, la escritora Paola C. Álvarez.

Hay un poco de cada una en estas páginas.

Gracias.

BIBLIOGRAFÍA

Adams, K. (2009). *Journal to the Self: Twenty-Two Paths to Personal Growth*. Grand Central Publishing.

Cameron, J. (2019). *El camino del artista*. Aguilar.
Goldberg, N. (2015). *El gozo de escribir*. La Liebre de Marzo.

Levitin, D. J. (2015). *The Organized Mind: Thinking Straight in the Age of Information Overload*. Penguin Random House.

Merton, R. K. (1996). *Social Structure and Science*. University of Chicago Press.

Colorado, P. N. (2020). *La casa de Mar*.

Proust, M. (2020). *Por el camino de Swann. En busca de tiempo perdido*. Editorial Verbum.

Riso, W. (2019). *Pensar bien, sentirse bien*. Zenit (y otros).

Santagostino, P. (2008). *Un cuento para sanar.* Editorial Obelisco.

Santandreu, R. (2021). *Sin miedo: El método comprobado para superar la ansiedad, las obsesiones, la hipocondría y cualquier temor irracional.* Editorial Grijalbo.

Süskind, P. (2006). *El perfume: historia de un asesino.* Seix Barral.

SOBRE LA AUTORA

Pilar N. Colorado es autora de dos libro de no ficción *Entrena tu atención para lograr tus metas y 365 reflexiones para 365 días*, y dos de ficción: el libro de relatos *Dime tu nombre, mujer* y la novela *feelgood La casa de Mar*, disponibles en Amazon.

Es licenciada en Económicas con máster de especialización en la Unión Europea, contexto en el que ha trabajado durante muchos años. Aunque esta es una etiqueta que se quitó hace tiempo para reinventarse y retomar la afición a la escritura que ha tenido desde siempre.

Tomó la decisión de salir del mundo de la economía, los puertos y las ayudas europeas para centrarse en la escritura y el *mindfulness*. Cursó estudios de correctora de estilo, lecturas editoriales, escritura terapéutica, escritura creativa, *mindfulness* en la educación, *mindfulness* y desarrollo personal, *mindfulness* e inteligencia emocional, terapia de la aceptación basada en *mindfulness*, entre otros. Está especializada en la escritura de no ficción, relatos y revisión de textos, además de impartir cursos de escritura emocional, escritura expresiva y entrenamiento de la atención.

Administra el blog www.pilarncolorado.com, donde da cabida a artículos relacionados con la atención plena, educación y desarrollo personal y profesional —foco y productividad— desde el punto de vista del *mindfulness*.

Sus perfiles en redes sociales son:
Twitter: @PilarNavaCol
Facebook: @ViviendoMindful
Instagram: @Pilar_N_Colorado
LinkedIn: Pilar Navarro Colorado